El Gran Libro de Los Pro

EL GRAN LIBRO

DE

LOS PROCESOS ESBELTOS

El Gran Libro de los Procesos Esbeltos

D.R. © 2014, Gustavo Hernández y Ana María Godínez González www.ignius.com.mx

Publicado por: © 2014, Ignius Media Innovation., León, Guanajuato, México
+52 (477) 773-0005
www.igniusmedia.com

Diseño de Cubierta: Pablo Vázquez
Diseño de Interiores: Gustavo Hernández
Corrección de Estilo: Magdalena Méndez
Fotografía de Portada: Gustavo Hernández
Primera Edición: Abril, 2014
ISBN: 978-607-00-7785-2
Registro de Autor: 03-2014-022410064000-01

Límite de Responsabilidad / Descargo de Responsabilidad: Tanto el editor como el autor han puesto sus mejores esfuerzos en preparar este libro, no obstante, ellos no hacen o se comprometen a algún tipo de responsabilidad o garantía. Ningún tipo de garantía puede ser extendida por ningún tipo de representante de ventas o distribución. Las recomendaciones y estrategias contenidas en el presente, pueden no ser ajustadas a tu situación en particular.

Gracias Infinitas Papá, por ser el ejemplo vivo desde mis primeros recuerdos y además ser el medio para que tuviera el primer contacto con este maravilloso mundo.

Gustavo Hernández

Gracias a todas las personas y organizaciones que me han permitido aprender de muy diversos sectores, despertar mi pasión y gusto por apoyar a que cada vez más, existan personas y organizaciones más competitivas y felices.

Gracias Gustavo por ser mi maestro y guía en este mundo mágico de vivir la mejora continua cada día de mi vida.

Ana María Godínez

Este libro esta dedicado a Ti estimado lector que tienes el interés y la motivación de ser un protagonista de mejora y cambio en tu familia, empresa y sociedad.

Cada capítulo que compartiremos contigo tiene la intención y determinación de aportar herramientas, ejemplos y soluciones que apoyen el incremento de la productividad, competitividad y prosperidad de cada empresa que tenga en sus manos este libro.

Te invitamos a ser parte de la diferencia, si Japón pudo levantarse después de una guerra y ser un país de primer mundo, es lógico que cualquier país que tenga la verdadera y profunda intención de mejorar lo puede hacer, sin embargo, para que esto suceda, el cambio debe empezar por cada ciudadano que cree que esto es posible.

ÍNDICE

AGRADECIMIENTOS

Este libro es un tributo a Sakichi Toyoda, Henry Ford, Kiichiro Toyoda, Taiichi Ohno, Shigeo Shingo, por ser nuestros guías y una gran inspiración en nuestras vidas. ¡Gracias! Porque a través de su conocimiento nos han permitido apoyar el desarrollo de miles de personas en toda América de forma presencial y a tantos más alrededor del mundo entero de manera remota.

Gracias a cientos de organizaciones que a través de miles de horas de implementación y entrenamiento a lo largo de décadas, nos han permitido ser testigos de toda la magia y resultados que suceden cuando se integran las mejores herramientas de Lean Manufacturing, Lean Office y Toyota Production System.

Gracias a las miles de personas con las que hemos tenido contacto tanto en nuestros cursos y seminarios abiertos al público como a los que hemos conocido dentro de las empresas, pues de cada una de ellas hemos aprendido con sus preguntas, sus comentarios, sus ideas, sus necesidades, sus soluciones, sus puntos de vista, sus presentaciones y sus participaciones, pues ustedes nutren nuestra experiencia y nos ayudan a crecer para encontrar cada día mejores soluciones que ayuden a cientos de miles de personas en todo el mundo.

INTRODUCCIÓN

El objetivo de este libro es compartir contigo los conceptos claves y fundamentos de Lean Manufacturing y Lean Office, así como algunas recomendaciones y mejores prácticas que Ignius ha ido perfeccionando a lo largo de 15 años.

Para nosotros es un gusto entrenar en Lean Office, Lean Service, Lean Manufacturing y TPS, ya que creemos firmemente en las herramientas, además que hemos sido testigos de grandes transformaciones que han podido impactar en el desarrollo y competitividad de personas y organizaciones.

Las herramientas y formas de pensar Lean no sólo se aplican en las diferentes áreas de trabajo, sino que se aplican en la vida cotidiana de cada una de las personas. Si las personas aplicáramos estas soluciones y herramientas de manera natural como parte de nuestra forma de vida lograríamos muchas cosas más en menos tiempo, tendríamos mayor energía, viviríamos con menos problemas, seríamos más queridos y útiles, tendríamos una mayor apreciación y viviríamos más felices.

Sinceramente esperamos que la información proporcionada te apoye a incrementar tu contexto y la mejora de tus resultados.

Ana María y Gustavo

LEAN MANUFACTURING NO ES ALGO QUE SE HACE, NO ES UNA HERRAMIENTA QUE SE APLICA, NO ES UN SOFTWARE NI UN PLANILLA DE CÁLCULO ¡NO!, LEAN MANUFACTURING ES ALGO QUE SE PIENSA, ES UNA REVOLUCIÓN EN LA FORMA DE PENSAR, PLANIFICAR Y LLEVAR A CABO DISTINTAS ACTIVIDADES PARA MEJORAR TU VIDA Y LA DE TU EMPRESA.

UN SECRETO JAMÁS CONTADO

Era un día a principios de 1995 cuando yo tenía el puesto de Gerente de Mejora Continua en una planta proveedora de la industria automotriz, nosotros producíamos piel para los autos de lujo vendiendo millones de dólares a compañías norteamericanas y europeas principalmente. En esa mañana mi jefe me encuentra para darme una noticia muy intensa: - Gustavo, hemos recibido una llamada de General Motors (GM) y van a enviarnos a un experto del departamento de Desarrollo de Proveedores, tenemos que recibirlo y aprovechar esta oportunidad, pues nos están pidiendo que les bajemos el precio a lo que les vendemos, no podemos rechazar la visita, es obligatoria porque si nos les bajamos el precio simplemente nos quitan el contrato y sería fatal para la compañía-.

Yo me quede prácticamente helado, pues en ese momento no sabía que los contratos automotrices se hacían por 3 o 5 años y que las compañías como GM, Ford, Toyota, y demás te pedían por contrato que año con año les bajaras entre un 5 a un 8% el precio por contrato, y si no cumplías pues simplemente te quitaban el contrato y se lo daban a otro competidor tuyo, y con todos los compromisos que habías adquirido para poderles proveer pues simplemente muchas compañías quebraban al momento que les retiraban un contrato de millones de dólares.

-¿Qué tenemos que hacer?-, le pregunté con la mejor disposición de querer sumarme y ayudar estratégicamente,

-Aprendamos lo que nos vienen a enseñar de manera que lo podamos replicar muchas veces dentro de nuestra compañía y así podamos mejorar aún más de lo que ellos nos están solicitando, de esta manera podremos darles el recorte de costo que nos piden y posiblemente hasta aumentemos nuestra utilidad- comentó con una convicción total, -además, este taller debe ser un éxito para que GM diga: Verdaderamente esta empresa está comprometida y vale la pena que pongamos más a atención en ellos-.Y se decidió que se hiciera el taller de GM en una parte del proceso que en ese momento nos estaba dando conflictos.

Se llegó el día del taller y llegó Jorge Legaria junto con un par de compañeros del Departamento de Desarrollo de Proveedores, y por parte de nosotros habíamos armado un equipo como de 12 personas que incluían operadores del proceso y algunos administrativos además de los que especialmente estábamos allí para aprender el método.

Un año antes había llegado yo de hacer una especialización de 2 años súper intensos en uno de los 3 mejores centros mundiales de desarrollo de tecnología de procesamiento de cuero situado en el Estado de Rio Grande do Sul en Brasil, y además era el Gerente de Mejora Continua así que honestamente en mi interior escuchaba una vocecita que me decía constantemente: -¿Qué irán a venirnos a enseñar estas personas de GM que no tienen ni la más mínima idea del proceso que hacemos nosotros?-, -seguramente son personal administrativo que se la pasan en su escritorio o en juntas todo el tiempo, así que ¿cómo esa gente sin experiencia nos podrá en verdad ayudar?-, -además, yo sí soy experto certificado en la tecnología del procesamiento de la piel automotriz, graduado en una de las mejores escuelas no de México, ¡sino del mundo!-, -y para acabarla nos habían solicitado que tuviéramos a personal de mantenimiento preparado porque la mejora la íbamos a tener implementada en 3 días y nosotros habíamos batallado semanas enteras con ese problema y no lo habíamos podido resolver, nosotros, gente preparada, con experiencia y que sabemos lo que hacemos, ¿cómo demonios estos oficinistas van a venir a decirnos como hay que hacer las cosas y mejorar?-, en fin, eso era lo que decía constantemente mi vocecita diablilla, por el otro lado, mi vocecita positiva decía: -Pongamos todo lo que está de nuestra parte para que el taller salga lo mejor posible, para que tengamos un resultado excelente y para que aprendamos mucho…- y eso es todo lo que decía.

Iniciamos el taller en una sala de capacitación y algo que pensamos que iba a ser lleno de luz y color por ser GM quien daba la presentación se volvió en una presentación totalmente estándar, con diapositivas muy básicas en blanco y negro, Jorge haciendo uso del rotafolio y plumones y comentándonos su experiencia, pero nada espectacular.

Eso sí, toda la presentación estaba plenamente estructurada en cuanto a los pasos y poco a poco todo empezó a hacerme sentido. Habían pasado 4 horas del inicio del curso y yo ya estaba súper metido y convencido de que seguramente íbamos a llegar a algo muy importante, era una metodología que nunca antes había visto y lo mejor de todo es que todos, tanto los operadores como los que teníamos más estudios estábamos entendiendo, además, nos dimos una vuelta a la planta operativa para ver operando el proceso en cuestión y obtener información real del mismo sin estudios sofisticados, simulaciones o software especializado, simplemente con un lápiz y hoja de papel que hasta el más humilde de los operadores podía aportar y comprender.

Llegó el momento en el que nos dio "La Fórmula para Mejorar", la cual era increíblemente simple y poderosa. Nos organizó en 2 equipos y cada equipo presentamos 2 opciones de mejora. Las 2 opciones tenían soluciones que el otro equipo había pasado por alto, así que las fusionamos y en conjunto creamos algo mejor, los resultados eran sorprendentes habíamos bajado en teoría el tiempo de respuesta de ese proceso de 24 horas a ¡¡¡¡30 minutos!!!!, es decir que ahora ese tiempo lo podíamos hacer casi en una décima del tiempo total, ¡increíble!, bueno, pero eso era en teoría porque lo habíamos diseñado en papel, así que en ese momento Jorge comenta: -Bueno muchachos, pues hay que hacer los cambios que proponen ahora mismo-.

-¿Ahora?-, respondimos todos

-Creo que no sabes lo que dices con el debido respeto, pues esa máquina pesa más de 15 toneladas, tendríamos que mandar pedir una grúa de esa capacidad ahora mismo y sin mencionar que también tendríamos que quitar una parte del techo de lámina para poder hacer las maniobras y claro volver a cablear todo- respondió el Gerente de Planta.

A lo que Jorge respondió: -Te entiendo perfecto, sin embargo no hemos venido nosotros a hacer pruebas o diseños, sino a hacer cambios que demuestren los resultados, esto ya está hablado con su Dirección General y ellos están comprometidos con esto, además claro, que no están en posibilidades de decir que no-, así que tomó un rotafolio y comenzó a realizar un plan de trabajo para las próximas 24 horas donde se trabajaría sin parar para realizar el cambio, un cambio que nosotros los participantes habíamos elaborado con la metodología que ellos nos habían compartido minutos antes.

La verdad es que el cambio implicaba un movimiento de la maquina de unos cuantos metros, y todos los otros elementos de la mejora se podrían hacer con materiales que ya teníamos en la planta, por lo que realmente el gasto era mínimo, pero el resultado en teoría era inmenso.

Así que procedimos a hacer el cambio planeado, llevábamos apenas día y medio de taller y ya estaba la grúa y las personas de mantenimiento desconectando y preparando las nuevas conexiones mientras que otros equipos trabajaban en otras tareas, todo perfectamente organizado.

Para la mañana del tercer día estaba todo cambiado y funcionando, listo para hacer la primer prueba y ver, ahora sí en la práctica que tanto el nuevo cambio podía mejorar ya operando en la vida real, así que iniciamos el proceso y el resultado fue sorprendente.

Habíamos logrado bajar el tiempo de respuesta de 24 horas que teníamos en un principio a 22 minutos, ¡Increíble!, el costo que implicó fue bajísimo comparado con el resultado mensual que ese tiempo nos daba, ahora el proceso era mucho más sencillo y fácil de operar, todos estábamos muy contentos, nosotros como parte del Equipo de Mejora y los operadores mismos del proceso, así que hicimos más pruebas y a medida que las personas tomaban más práctica incluso pudimos dejar operando ese proceso en un tiempo de respuesta de 18 minutos.

Después de una inversión un poco mayor con 2 o 3 ideas novedosas pero absolutamente nada caras logramos bajar ya nosotros mismos el tiempo a menos de 6 minutos, es decir, ahora lo hacíamos en una treintava parte de lo que por años lo habíamos hecho.

Ese día cambió mi vida por completo, ese día marcaría mi historia personal, la historia personal de mi familia y la historia de decenas de miles de personas.

A partir de ese día la herramienta que Jorge Legaria nos enseñó a partir de una "invitación necesaria" de GM por mejorar nuestros procesos para bajarles el costo se convirtió en una de las piedras angulares de la organización donde trabajaría los siguientes 9 años implementándola en áreas operativas y administrativas, en empresas del grupo e incluso en procesos de innovación y diferenciación.

He perdido la cuenta de cuantos talleres lideré dentro de la organización y cuantos en conjunto con Ana hemos liderado juntos ya como Ignius ayudando a miles de organizaciones y en beneficio de decenas de miles de familias y por lo tanto cientos de miles de personas generando o ahorrando millones y millones de dólares.

Ese día yo estuve presente y abierto a un cambio que nunca imaginé ni remotamente el impacto que podría tener en el futuro, pero lo bueno es que estuve y estuve presente y atento.

Lo que aquí encontrarás son esos datos y esa información que yo aprendí ese día, y que luego Ana se hizo experta en su aplicación y que juntos hemos podido ver y constatar como se obtienen resultados maravillosos.

La herramienta funciona, es un hecho, en tus manos tienes ese gran tesoro que ha ayudado a miles y miles de personas. Si cada persona en el mundo tuviera un libro de estos donde encontrara la información que te revelaremos y la aplicara en buena manera tendríamos un mejor mundo. Eso es lo que creemos y eso es lo que estamos haciendo, estamos compartiendo abiertamente nuestro tesoro, un tesoro que así como me fue revelado un día y me ayudó a ser inmensamente feliz y también poder ayudar a otros seres humanos a ser inmensamente felices ahora tengo el compromiso de revelártelo para que pueda mejorar tu vida a niveles que nunca antes creíste, este es el tipo de tesoros que mientras más los compartes más valioso es.

Gustavo Hernández

Co-autor de El Prodigio

LA CLAVE DE ESTAS HERRAMIENTAS ES INVOLUCRAR A LAS PERSONAS DIRECTAMENTE RELACIONADAS CON EL PROCESO PARA GENERAR PROPUESTAS MÁS EFICIENTES QUE CAMBIEN LA SITUACIÓN ACTUAL DE CÓMO REALIZAN SU TRABAJO Y LA LLEVEN A NIVELES PRODUCTIVOS NUNCA ANTES VISTOS.

CAPÍTULO I

HISTORIA MENOS CONOCIDA DE LEAN MANUFACTURING

LEAN OFFICE O LEAN MANUFACTURING ES BÁSICAMENTE TODO LO CONCERNIENTE A TENER LAS COSAS CORRECTAS EN EL LUGAR CORRECTO, EN EL MOMENTO CORRECTO, EN LA CANTIDAD CORRECTA, MINIMIZANDO EL DESPILFARRO, SIENDO FLEXIBLE Y ESTANDO ABIERTO AL CAMBIO.

1. ¿CÓMO SE ORIGINÓ TODO?

Muchas Personas y profesionales que están en el proceso de búsqueda de mejores procesos tanto en la fábrica como en la oficina buscan a consumir toda la información disponible y referente a Manufactura Esbelta o Toyota Production System, pero no se preguntan: ¿De dónde salieron todas estas fantásticas herramientas?

Nosotros hemos encontrado que al conocer a fondo los inicios podrás entender mucho más y ser capaz de ampliar tu contexto al respecto de cualquier tema en el que estás interesado, la información te hará más sentido, te dará mejores elementos, ¡te abrirá el panorama, la mente y los ojos!

Procura siempre tomarte un espacio extra para conocer el Génesis o el inicio de las cosas y verás que estas te harán más sentido y serás más exitoso.

Así que veamos los inicios de todos los conceptos detrás de la Manufactura Esbelta o Lean Manufacturing como es reconocida en el Mundo entero.

1570

El rey Enrique III de Francia observa en el Arsenal de Venecia como completaban Barcos tipo Galeones completos en menos de una hora usando flujo continuo.

1760

El general Francés Jean-Baptiste de Gribeauval comprendió a fondo el aporte tan significativo que daban los diseños estandarizados y las partes intercambiables en el campo de batalla.

1799

Eli Whitney (1765-1825), inventor estadounidense que inventó la desmontadora (máquina que separa las fibras de algodón de las semillas) perfecciona el concepto de partes intercambiables cuando adquirió un contrato de la Armada Estadounidense para la manufactura de

10,000 mosquetes al reducido precio de $13.40 dólares cada uno.

1807

Sir Marc Isambard Brunel, ingeniero francés asentado en Inglaterra desarrolló equipamiento para hacer artículos simples de lana como cuerdas para la Marina Real usando 22 tipos de máquinas que producían artículos idénticos en una secuencia de procesos donde se fabricaba "uno a la vez".

1822

Thomas Blanchard en la Armería de Springfield en los Estados Unidos desarrolló un conjunto de 14 máquinas y las organizó en una forma celular que hacían posible realizar las formas más complejas de los rifles. Un bloque de madera una vez que era posicionado en la primer máquina se iniciaba el proceso automatizado por agua y tomaba como referencia piezas prototipo para trabajar los bloques de madera con una perfección increíble para la época. El conjunto de 14 máquinas hacían posible la fabricación de los rifes sin la intervención del ser humano, todo propulsado por agua y haciendo "uno a la vez".

1850

Todas las armerías norteamericanas hacían piezas de metal estandarizadas para armas muy estandarizadas, pero con una cantidad enorme de trabajo humano para dejarlas dentro de la especificación correcta, esto porque en aquel tiempo las máquinas no podían aún trabajar con metales endurecidos.

1890

Sakichi Toyoda inventa el telar de lana a mano.

1902

El concepto de Jidoka (automatización inteligente) es establecido por Sakichi Toyoda

1905

Frank y Lillian Gilbreth (pioneros en la mejora y estándares de modo de vida actual) investigan la noción de la Economía del Movimiento dentro del lugar de trabajo. Estudiando los movimientos dentro de lugar de trabajo como la colocación de un ladrillo.

Ellos desarrollaron un sistema de 18 elementos básicos que pueden representar los movimientos básicos.

1906

El economista Italiano Vilfredo Pareto crea la fórmula matemática que describe la distribución no equilibrada de la riqueza en Italia. Él hace notar que el 80% de la riqueza estaba en las manos del 20% de la población.

1908

Henry Ford introduce el Modelo T.

1910

Henry Ford mueve su fábrica a Highland Park "El lugar de nacimiento de Lean Manufacturing".

1911

Henry Ford creó muchos estándares en avances extraordinarios en las áreas del corte de piezas, medición, prácticas de innovación en maquinaria y los recientemente creados metales endurecidos. El Flujo

Continuo de las partes a través del maquinado y fabricación de partes que consistentemente encajaban de manera perfecta haciendo el ensamble posible. Esto fue el corazón del avance radical de Ford.

1911

Sakichi Toyoda visita los Estados Unidos y ve el Modelo T por primera vez.

1912

El Sistema de Producción Ford (SPF o Ford Production System FPS) basado en los principios de "exactitud, flujo y precisión" se extiende por completo a la línea de ensamble.

1914

Ford crea la primer Línea de Ensamble, reduciendo el tiempo de ensamble del chasis de 12 que originalmente tenían a menos de 3 horas.

1924

Sakichi Toyoda crea en Japón el Telar Automatizado bajo el nombre de "Toyoda Auto Loom."

Se introduce el concepto de Cero Tiempo de Cambio para el telar, así que podía hacer cambios de producción sin detener un solo minuto la maquinaria.

1924

Walter Shewhart, el estudio moderno del control de procesos mediante la invención de la Carta de Control.

1926

Henry Ford publica su libro: "Today and Tomorrow" con gran éxito. Se considera el libro que inspiró a Taiichi Ohno de Toyota.

1928

La planta River Rouge es completada, convirtiéndose en la planta de ensamble más grande del mundo con más de 100,000 colaboradores.

1929

Sakichi Toyoda vende los derechos internacionales del telar automatizado y Kiichiro Toyoda (hijo de Sakichi Toyoda) visitan la compañía de Ford y otras compañías europeas para aprender el negocio automotriz.

1933

El Departamento Automotriz es establecido en: Toyoda Auto Loom.

1937

J.M. Juran conceptualiza el concepto completo del Principio de Pareto y enfatiza la importancia de "los pocos vitales sobre los muchos triviales". El atribuye su iluminación al economista Vilfredo Pareto. Poco después el termino es denominado: "la regla del 80/20".

1937

La Toyota Motor Corporation es establecida. Kiichiro Toyoda es nombrado el Presidente de la compañía.

1937

La industria de aviación alemana se convierte en la pionera en el Takt Time como una manera del ensamble final de los aviones en los que el fuselaje de los aviones fueron adelantados al unísono a través del ensamble final en una medida exacta (Takt) de Tiempo. (Mitsubishi mantenía una relación técnica con las compañías Alemanas y transmitió este método a Japón, donde Toyota, localizado cerca de la prefectura de Aichi lo escuchó y adoptó).

1938

El concepto de Justo-a-Tiempo o JIT es establecido en la planta de Koromo / Honsha por Kiichiro Toyoda. El JIT durante la Segunda Guerra Mundial fue severamente desestabilizado.

1939

Walter Shewhart publica su libro: "Métodos Estadísticos" desde el punto de vista del Control de Calidad. Su libro introduce la noción del ciclo de mejora Shewart: Planear-Hacer-Estudiar-Actuar. En los 50's su colega W. Eduards Deming altera un poquito el ciclo y así lo convierte en el famoso Ciclo Planear-Hacer-Checar-Actuar.

1940

Consolidated Aircraft construye un bombardero B-24 por día. Charles Sorensen de Ford visita esa planta con el fin de que los métodos de Ford puedan mejorar ese número.

1940

W. Eduards Deming desarrolla métodos de muestreo estadístico para el censo de 1940, y luego enseña técnicas de control estadístico del proceso a los trabajadores en tiempos de guerra.

1943

Ford completa la construcción de la planta de bombarderos de Willow Run, la cual es capaz de entregar un bombardero B-24 por hora.

1943

Taiichi Ohno es transferido de la empresa: Toyoda Auto Loom a la planta de Toyota Motor Corporation.

1946

Ford adopta el estilo de gerencia de GM y abandona la Manufactura Esbelta.

1948

Taiichi Ohno es promovido como Gerente de Máquina, la cual era designada como un área modelo pues realizó:

- Una reorganización de las máquinas, pasándolas a Flujo de Producto.

- La finalización de "un hombre por cada máquina". Inició el manejo de piezas multipropósito.

- Estudios detallados de los procesos de los individuos y sus Tiempos de Ciclo.

- Estudios de Tiempos y Movimientos.

- La creación del concepto de Desperdicio.

- Reducción del Inventario en Proceso.

- La aplicación de la Inspección en el Lugar de Trabajo por los Trabajadores.

- La aplicación de la autoridad para "parar la línea" por los mismos trabajadores.

1950

La crisis financiera de Toyota y los problemas laborales se hacen presentes, la cual termina con más de 21,000 trabajadores perdiendo sus trabajos. Kiichiro Toyoda deja de ser Presidente de la compañía.

1950

W. Eduards Deming es invitado a Japón para el censo de 1951. Ahí da la primera de docenas de conferencias en control estadístico del proceso, enfatizando a los gerentes japoneses que la mejora de la calidad puede reducir gastos y aumentar la productividad.

1951 A 1955

Se genera un increíble refinamiento del Toyota Production System de la mano de Taiichi Ohno como:

- Aspectos sobre el control visual y 4S.

- El inicio del Programa de Entrenamiento TWI (Training Within Industry) o Entrenamiento Dentro de la Industria.

- Sistema de Sugerencias Creativas.

- Reducción del Lote de Producción y tiempo de Change Over o Cambios Rápidos.

- Compra de equipos para Cambios Rápidos o Change Over.

- Implementación del Kanban.

- Nivelación de la Producción de la Línea Mixta de Ensamble.

1951

J.M. Juran publica su trabajo: "El Manual del Control de Calidad".

1956

Shigeo Shingo comienza a realizar visitas regulares para enseñar el "P-Course" o Curso de entrenamiento práctico de Producción para el mejoramiento de la industria, donde se aborda el tema del KAIZEN, palabra japonesa para la Mejora Continua.

1957

Se implementa de manera básica el Sistema Andon utilizando diferentes luces de colores.

1960

Deming recibe la presea: "La Segunda Orden de los Tesoros Sagrados", con una cita que mencionaba que la gente de Japón atribuía el renacimiento de su industria gracias a su trabajo.

1961

Inicia a todo lo ancho de la Corporación Toyota el Programa de TQC (Total Quality Control) o Control Total de Calidad.

1962

El Sistema Jalar de Toyota y el Kanban se completa en toda la Corporación Toyota dando extraordinarios resultados como:

- Tiempo promedio de moldes de 15 minutos. El cambio en menos de un minuto comienza a existir.

- 50% de la reducción de defectos gracias a los esfuerzos en Control de Calidad.

- Inicia la aplicación de Kanban con los Proveedores Externos.

1965

Toyota gana el Premio Deming a la Calidad.

1969

Inicia operaciones la División de Consultoría a la Gerencia y Operaciones de Toyota.

1973

Los talleres de mejora de Toyota comienzan de manera regular con los 10 proveedores más importantes.

1973

La crisis del petróleo tiene efectos devastadores en la economía Japonesa, solamente Toyota tiene utilidades.

1975

El primer manual de TPS se escribe en inglés.

1977

Nick Edwards presenta un artículo en la conferencia de APICS (American Production and Inventory Control Society) describiendo las falacias del MRP (Materials Requirement Planning).

1978

Taiichi Ohno se retira y se convierte en Chaiman Honorario de Toyoda Auto Loom.

1979

Se realiza la primer Misión de Estados Unidos para conocer el TPS o Sistema de Producción Toyota.

1979

Norman Bodek crea Productivity Inc.

1979

Varios miembros de APICS quienes han visto las plantas de producción de Toyota y entendido los problemas con el MRP comienzan a reunirse de forma regular.

1980

El libro: "Kanban: La Próxima Revolución" es publicado siendo el primer libro en describir el TPS como Just-in-Time o JIT.

1980

Bajo el patrocinio del Capítulo de Detroit de la APICS muchos de los futuros fundadores de la Association for Manufacturing Excellence organizaron el por primera vez conocido como "North American conference on the Toyota Production System" en los Cuarteles Generales de Ford, con 500 participantes. El ponente magistral fue Fujio Cho, quien se convirtió en Presidente de Toyota.

1983

La primer descripción amplia del TPS es publicada por primera vez por un autor norteamericano "Cero Inventarios" por Robert "Doc" Hall.

1985

La "Association for Manufacturing Excellence" es oficialmente formada por una importante participación de miembros de APICS.

1988

El "Kaizen Institute" lidera el primer Evento Kaizen en Estados Unidos en Jake Brake en Connecticut.

El Premio "Shingo Prize para la Excelencia en Manufactura" es creado por Norman Bodek y el profesor Vern Buehler de la Universidad Estatal de Utah.

1990

El libro: "La máquina que cambió el mundo" es publicado por Womack and Jones, considerando iniciado el movimiento "Lean Manufacturing" o "Manufactura Esbelta".

1991

El libro: "Relevance Lost" de Tom Johnson y Robert Kaplan exponen las debilidades en los sistemas de contabilidad de la manufactura, eventualmente liderando el movimiento de "Lean Accounting" o "Contabilidad Esbelta".

1996

Se publica el libro: "Pensamiento Lean" por Womack and Jones, consolidando el movimiento de Lean Manufacturing.

1998

Mike Rother y John Shook introducen a una gran audiencia el concepto de Toyota de Diagramas de Flujos de Materiales e Información, ahora llamados "value-streammaping" o "flujos de la cadena de valor"

2001

Toyota publica el documento "The Toyota Way", donde hace explícito el principio de: Respeto por la Gente.

2004

El ganador del Premio Shingo Prize, Norman Bodek publica el Libro: "Kaikaku", haciendo una crónica de las personas y filosofías que ayudaron a desarrollar el TPS.

2007

Por primera vez en la historia Toyota pasa a GM para convertirse en el productor más grande del mundo y se consolida como la organización comercial más consistente y exitosa en los últimos 50 años.

2009

Se publica el libro: "El Prodigio" donde se relatan cientos de casos e ideas de la aplicación de los Principios Lean llevados a empresas, construcción, gobiernos y administraciones.

Superfactory y la Organización Lean han realizado trabajos de investigación increíbles al respecto de la cronología y desarrollo del TPS y Lean.

Hoy en día las aplicaciones de los principios creados por Ford y Toyota siguen tan vigentes como hace años, ayudando a cientos de miles de organizaciones y a millones de personas a tener mejores y más productivos lugares para trabajar.

En la actualidad las aplicaciones del FPS, TPS y Lean se extienden de una manera imparable, algunas de las que tenemos registros son:

- Oficina Lean

- Contabilidad Lean

- Construcción Lean

- Liderazgo Lean

- Lean and Green (manufactura Esbelta Sustentable)

- Administración de Proyectos Lean

- Ventas Lean

- Diseño y Desarrollo Lean

- Desarrollo de Software Lean

- Educación Lean

- Salud Lean

- Gobierno Lean

- Hospitalidad Lean

- Finanzas Lean, y ¡Más!

Más allá de que estas aplicaciones sean realizadas en el campo de la industria y oficina con enormes beneficios estas mismas formas de pensar y herramientas pueden ser usadas en la vida diaria y cotidiana de cualquier persona, y tendrán enormes resultados positivos, más allá de lo que alguna vez soñaron, pues tendrán ¡días más felices!

Valores típicos alcanzados por empresas que han implementado Manufactura Lean

- Productividad:

- Aumento del 15% al 35% anuales

- Tiempo de Respuesta:

- Reducción de más del 75%

- Defectos:

- Reducción de más del 20% anual

- Inventarios:

- Reducción de más del 75%

- Uso del espacio:

- Reducción del 25% al 50%

CAPÍTULO II

EL VALOR AGREGADO COMO NUNCA ANTES LO HABÍAS COMPRENDIDO

¿Qué es Lean?

Es un Sistema y una Filosofía de mejoramiento de procesos de manufactura y de servicios basados en la eliminación de desperdicios y actividades que no agregan valor al proceso.

BENEFICIOS DE LEAN

RESULTADOS INMEDIATOS QUE IMPACTAN EN LA PRODUCTIVIDAD, COMPETITIVIDAD Y RENTABILIDAD DEL NEGOCIO O LA OFICINA.

2.- ¿CÓMO LEAN MANUFACTURING DEFINE VALOR?

James Womack define *Valor* como la capacidad de proveer o entregar a *El Cliente* el producto correcto, en el momento correcto y con el precio correcto, y define valor agregado como la acción que transforma a ese producto que se le está entregando al cliente.

Valor Agregado siempre debe ser definido desde la perspectiva del cliente y no de la perspectiva del proveedor, sin embargo, un error conveniente y común que cometen las personas y organizaciones, es que definen Valor Agregado desde el punto de vista de ellos en lugar de definirlo desde el punto de vista de *El Cliente*, y al hacer esto simplemente dan cabida a que muchísimas cosas aparentemente Agreguen Valor.

Cuando se comienza a trabajar con las herramientas de Lean y analizar a detalle los procesos, esta palabra malentendida hace pensar que muchas de las actividades que son parte de los procesos Agregan Valor cuando no es así.

El valor debe ser identificado y estar explícito en términos de cómo el producto o servicio cumple con los requerimientos del cliente en el momento correcto, con el precio correcto, en la cantidad correcta, en la calidad correcta y habiéndose hecho bien siempre a la primera.

Un paso fundamental para identificar el valor definido por el cliente es desarrollar un entendimiento de porqué el cliente está comprando el producto o servicio a esta compañía, y cómo este valor dado por el cliente es importante para todos y cada uno de los colaboradores de la empresa.

Es muy importante que cada colaborador de una empresa cuente con entrenamiento y las herramientas que le permitan desarrollar su trabajo únicamente en las actividades que transforman el producto (las que agregan valor) y que por lo tanto las demás actividades que no transforman el producto deben ser eliminadas poco a poco de sus procesos y trabajo.

2.1.- ¿CÓMO SE RELACIONAN LAS ACTIVIDADES Y EL VALOR AGREGADO?

Después de la explicación que te vamos a dar te garantizamos que no tendrás duda al respecto del valor agregado.

Un Proceso es definido como: La secuencia de pasos y actividades que deben ser realizadas propiamente (es decir correctamente) y en la secuencia correcta para agregarle Valor al Cliente.

Entonces, para empezar y que tengas una gran entendimiento de este concepto tan importante y trascendente en toda persona y organización que quiere ser más productiva y competitiva, digamos que vamos a analizar el proceso de hacer un rico Sándwich.

Ese proceso tiene un producto final terminado: Un rico Sándwich.

Para tener al final ese producto (el sándwich) debemos de pasar por una serie de actividades o pasos a fin de tener el rico Sándwich en tu plato (proceso de hacer un Sándwich).

Las actividades debemos dividirlas en los movimientos más específicos posibles y no agruparlos, pues esto traerá como consecuencia que no tengamos una idea clara de si la actividad agrega o no valor.

En nuestro proceso de hacer un sándwich tenemos algunas de las siguientes actividades:

- Trasladarse a la alacena para tomar al pan

- Sacar el pan de la bolsa

- Trasladarse con el pan hasta el tostador de pan

- Colocar el pan dentro del tostador

- Apretar la palanca para iniciar el tostado del pan

- Tostar el Pan

- Esperar a que el pan se tueste

- Sacar el pan de la tostadora

- Trasladar el pan en el plato

- Trasladarse por la mayonesa

- Buscar la mayonesa

- Trasladarse con la mayonesa

- Buscar un cuchillo para untar la mayonesa

- Trasladarse al refrigerador

- Buscar todos los ingredientes y verduras que serán parte del Sándwich

- Trasladarse al lavadero para lavar las verduras

- Buscar la tabla y el cuchillo adecuado

- Cortar las verduras

- Embarrar el pan con la mayonesa

- Colocar el jamón

- Colocar las verduras

- Trasladar el pan y las verduras sobrantes al lugar de origen

- Cortar el Sándwich

Oye, ¿no son demasiadas actividades?, pues sí, y así son todos los procesos, este es el detalle que debemos de tener en cuenta al momento de desglosar un proceso en sus actividades correspondientes para obtener el producto final esperado de ese proceso.

¿Y todos los procesos se comportan de la misma manera?, SÍ, todos los procesos tienen un producto final y tienen una secuencia de pasos y actividades para lograr que al final tengamos un producto final esperado dentro de las especificaciones esperadas.

Pero lo realmente interesante es lo que viene a continuación: ¿Cuáles de esas actividades TRANSFORMAN realmente el producto?

Para poder responder la pregunta anterior debemos darte más datos y decirte que tenemos solamente 2 tipos de actividades dentro de todo proceso:

- Las actividades que agregan costo, y

- Las actividades que agregan valor

Así que la pregunta del millón es ¿cuáles de las actividades anteriores compartidas en relación al proceso de hacer un Sándwich TRANSFORMAN el producto?

Por favor coloca en la parte de abajo aquellas actividades que TRANSFORMAN el sándwich:

Y aquí te vamos a dar el mayor secreto: Apégate aunque te duela a identificar si la actividad transforma o no transforma el producto o servicio.

Te vamos a comentar los errores clásicos que se comenten al momento de dividir las actividades que transforman y las que no transforman el producto o servicio, probablemente tengas que volver a leer este párrafo y no te culpes, lo que pasa es que tu mente podría confundirse por el impacto que va a recibir, los errores comunes son:

- Tener actividades que en realidad están llenas de sub actividades, y al tenerlas así, equivocadamente piensas que sí transforman el producto.

- Poner como actividades que sí están transformando el producto muchas actividades que en realidad no lo están transformando.

- Pensar que ciertas actividades son "necesarias para transformar el producto" y que por lo tanto deberían de ser consideradas como actividades que transforman el producto o servicio.

- "Ser engañados por la mente" porque nos dice que la actividad sí transforma cuando en realidad si lo vemos de una manera muy objetiva y clara no está transformando el producto.

Claro, muchas veces nosotros mismos hemos establecido el proceso o procedimiento para la creación, o como nosotros decimos en Lean, para la transformación del producto o servicio, o lo que es peor, lo ha establecido mi jefe, o el director de la oficina o el dueño mismo del negocio, entonces "nadie quisiera decir que su proceso no agrega valor o no transforman las actividades que definió", claro, porque su cuello pudiera irse a la guillotina.

Claro que no hay mayor estupidez que pensar de esta manera, porque de seguir haciéndolo estarán afectando negativamente a todos dentro de la compañía, y esta afectación es tan grande que la podemos considerar una traición a la compañía misma, pero no sólo a ella sino también es una:

- Traición a cada compañero de trabajo

- Traición a cada miembro de la familia de los compañeros de trabajo

- Traición a cada cliente de la compañía

- Traición a cada Proveedor de la compañía, y

- Traición a los fundadores de la compañía.

¿Qué no seamos exagerados?, por el contrario, ¡apenas vamos empezando!, ¿por qué lo ponemos en estos términos tan drásticos?, porque nunca antes se ha realizado así, porque pocos autores se atreven a decir las cosas del color que son, porque vivimos en un mundo lleno de zonas de confort y de cuestiones e intereses políticos en el que es mejor quedar bien y conservar mi puesto a decir las cosas como son a favor de una mejora importante aunque eso signifique poner claro que el proceso en el que trabajamos es ineficiente y que podríamos hacer mucho más con mucho menos esfuerzo.

"LO QUE TODOS NOSOTROS HACEMOS ES VER EL TIEMPO QUE TOMA DESDE EL MOMENTO EN QUE EL CLIENTE NOS DA UNA ORDEN HASTA EL MOMENTO DONDE NOSOTROS RECIBIMOS EL DINERO. Y ESTAMOS REDUCIENDO ESE TIEMPO A TRAVÉS DE LA REDUCCIÓN DE DESPERDICIOS QUE NO AGREGAN VALOR"
(OHNO 1998)
EX DIRECTOR DE MANUFACTURA DE TOYOTA Y CREADOR DEL TPS

2.2.- ACTIVIDADES QUE TRANSFORMAN EL PRODUCTO O SERVICIO

Bueno, habiéndote compartido lo anterior entonces volvamos al punto de cuáles son las actividades que Agregan Valor o como nosotros hemos notado que es mucho más fácil de identificar: las actividades que TRANSFORMAN el producto o servicio. ¿Cómo podemos identificarlas claramente?:

Este tipo de actividades normalmente son las que "cambian de un estado a otro" el producto o proceso, normalmente son actividades que su transformación sucede muy rápido, como por ejemplo:

- El "click" de un ensamble de dos piezas.

- El instante de la toma de una fotografía.

- El momento de la emisión de un boleto de avión.

- El tiempo de moldeo en una prensa mecánica.

- El par de segundos que toma firmar un cheque.

- Los segunditos que lleva el coser dos piezas de una prenda de vestir.

Todos estos ejemplos TRANSFORMAN su Producto, pues en un momento cambian el estado del producto. Pero también hay actividades que TRANSFORMAN el producto en más tiempo, como por ejemplo:

- El tiempo de tostado un pan.

- El tiempo de fermentación de un vino.

- El tiempo de fraguado de una carpeta de concreto de una carretera.

- El tiempo de cocción del platillo en un restaurante.

- El tiempo de torneado que una máquina de torno tarda en crear o modificar una pieza de metal.

En todos estos ejemplos el tiempo de TRANFORMACIÓN tomado es bastante más largo, y eso es legítimo, pues en ese tiempo el Producto está cambiando, se está alterando, se está convirtiendo en un producto más evolucionado gracias a esa actividad.

Claro que al conocer esta información posiblemente tu mente se pone nerviosa porque podrás empezar a descubrir que en muchas actividades de la vida diaria y del trabajo ciertamente hay varias actividades que Transformen el Producto o Servicio de tu organización, pero esa no es la razón para estar nervioso.

La razón de ese nerviosismo es porque posiblemente estás identificando una mucho mayor cantidad de actividades que NO ESTÁN TRANSFORMANDO tu Producto o Servicio, queremos comentarte que eso es normal, aunque no es nada bueno en lo absoluto.

EL PODER DE OBSERVAR

LO MÁS IMPORTANTE EN UN PROCESO DE IMPLEMENTACIÓN LEAN ES APRENDER A OBSERVAR.

2.3.- ACTIVIDADES QUE NO TRANSFORMAN EL PRODUCTO O SERVICIO

El más grande error de las personas es tratar de "engañarse a sí mismos" pensando o queriendo pensar o "haciendo caber o encajar" a muchas actividades que No Transforman el producto o servicio y creer, o pensar o enmascararlas para que parezcan o aparezcan como actividades que Transforman el Producto o Servicio.

Te vamos a dar uno de los mejores consejos: Si la actividad no transforma el Producto o Servicio ¡No lo Transforma!, ¡Punto! ¡No le busques!

Ahora vamos a compartir contigo las ideas más prácticas y finas al respecto de las actividades que No Transforman su Producto y Servicio, y para empezar tomemos varios ejemplos basándonos en los casos que te compartimos cuando vimos las actividades que Transforman el Producto o Servicio:

- El "acomodar" las diferentes piezas para poder ser ensambladas no están transformando el Producto final.

- El acomodar todas las luces y los mejores ángulos de la personas para finalmente tomarle la foto no están transformando la fotografía.

- El estar buscando la mejor opción para poder viajar y seleccionar la mejor opción dentro de todas no está transformando el boleto de avión.

- El estar esperando las piezas que irán a moldearse en la prensa no están transformando la pieza moldeada.

- El que la asistente contable este acomodando todos los cheques de una determinada manera para que el jefe los pueda firmar no está transformando o realizando la firma del cheque.

- El pasar las piezas cosidas de una mesa a otra no está transformando o cosiendo más prendas de vestir.

- El sacar el pan de su empaque original para poder poner las 2 rebanadas a ser tostadas no está transformando o tostando el pan.

- El cortar las uvas de la vid no está transformando o se está realizando la fermentación para la producción del vino.

Creemos que con estos ejemplos hemos dejado bien claro que lo primero que debemos de tener definido es el Producto o Servicio que estamos entregando y ofreciendo, para luego identificar la totalidad de las actividades y entonces dividir las que transforman y las que no transforman el producto o servicio entregado.

Te vamos a compartir el secreto para que seas enormemente exitoso en la mejora de tus procesos operativos o administrativos, realizando este secreto verás cambios increíbles en muy poco tiempo y esos cambios te darán una prosperidad inimaginable en poco tiempo, ¿quieres saber cuál es? El secreto es: "Vamos a cambiar el paradigma", vamos a cambiar tu creencia de cuando descubres una actividad que No Transforma:

- ANTES: Cuando veías o encontrabas una actividad que No Transforma el Producto o Servicio pensabas: "Chin, eso es malo, porque si hago actividades que no transforman entonces mi jefe me regañará y va a pensar que no estoy trabajando".

- AHORA: Cuando veas o encuentres una actividad que No Transforma el Producto o Servicio pensarás: "Súper, eso es bueno, porque mi jefe y yo estaremos felices de trabajar y realizar sólo actividades que Transforman el Producto."

La clave del éxito a gran escala la tendrás en la medida que adoptes a la perfección esta manera de ver las cosas, ¿qué pasará si no lo haces?, bueno, simple, no tendrás el éxito esperado o incluso no tendrás éxito, porque no serás capaz de diferenciar claramente las actividades que No Transforman el Producto de las que sí lo hacen, y esto es más del 50% del avance de todo.

Sabemos perfectamente que muchas veces será demasiado duro ver las cosas de esa manera, sin embargo, es lo mejor, es como cuando un paciente que se siente mal toma la decisión de ir al médico y después de varios exámenes el médico sabe exactamente que es lo que tiene, para el paciente será muy duro enterarse de que tiene cáncer, pero es lo mejor, pues ahora ya sabe que existe un tratamiento que le puede salvar la vida y que gracias a que fue una detección temprana tiene más de un 93% de posibilidades de que sea así, de modo que tienes que afrontar las cosas y si la actividad No Transforma el Producto o Servicio pues simplemente ¡no lo transforma!

2.4.- LAS TOTALMENTE MORTALES "ACTIVIDADES NECESARIAS"

No, no, no, ¡ustedes están totalmente locos!, ¡existen muchísimas actividades que son necesarias para que las cosas se lleven a cabo dentro de mi organización!, claro, seguro que habrá muchísimas, posiblemente 2/3 partes del total de las actividades sean de este tipo, sin embargo, ¡No Transforman el Producto o Servicio! Punto.

Esa es la manera de ver las cosas que de aquí en adelante debes y tienes que adoptar, las actividades o Transforman o No Transforman el Producto o Servicio y olvídate por completo que si son "muy necesarias", "súper importantes", "extra indispensables", "mega obligatoria", "ultra indispensable" y demás calificativos que le puedas poner a ese tipo de actividades.

Te vamos a compartir algunos ejemplos ilustrativos para que comprendas a la perfección este punto:

- En un restaurante, el que el mesero lleve la orden o la comanda de lo que el comensal pidió a cocina, ¿transforma su platillo?

- En un despacho de arquitectos, el que el arquitecto en jefe este planeando sus actividades del día, ¿transforma el edificio que deben de construir?

- En una fábrica de ropa, el que se muevan las prendas de un lugar a otro para aplicarles los diferentes procesos o acabados, ¿está transformando a las prendas de vestir?

- En un consultorio médico el que pidas un expediente y el empleado tenga que estar buscándolo dentro del almacén de expedientes hasta encontrarlo, ¿está transformando el que el Médico tenga el expediente en sus manos?

¡Pero es que estas actividades son súper importes, necesarias, y casi indispensables!, posiblemente lo serán, pero aquí lo que importa es si transforma o no el producto o servicio ¡y ninguna de estas lo hace!, así que la buena noticia es que ¡hemos encontrado una amplia área de oportunidad para mejorar!

UNA HISTORIA DE MANUFACTURA ESBELTA EN LA INDUSTRIA AUTOMOTRIZ

FUNCIÓN	GM Framingham, US	TOYOTA Takakaoka, JPN
Horas totales de ensamblo por carro	40.7 Hrs	18 Hrs
Defectos en ensamble por cada 100 carros	130	45
Espacio de ensamblaje por carro (pies^2)	8.1 pies^2	4.8 pies^2
Inventario de partes (promedio)	2 semanas	2 horas

2.5.- VOLVIENDO AL RICO SÁNDWICH

Recordarás que hace algunas páginas te pusimos un ejemplo de hacer un Sándwich, bueno, ahora te vamos a volver a poner la secuencia de pasos y actividades y te vamos a dar una tarea: encierra en un círculo aquellas que evidentemente están transformando el Producto:

- Trasladarse a la alacena para tomar al pan

- Sacar el pan de la bolsa

- Trasladarse con el pan hasta el tostador de pan

- Colocar el pan dentro del tostador

- Apretar la palanca para iniciar el tostado del pan

- Tostar el Pan

- Esperar a que el pan se tueste

- Sacar el pan de la tostadora

- Trasladar el pan en el plato

- Trasladarse por la mayonesa

- Buscar la mayonesa

- Trasladarse con la mayonesa

- Buscar un cuchillo para untar la mayonesa

- Trasladarse al refrigerador

- Buscar todos los ingredientes y verduras que serán parte del Sándwich

- Trasladarse al lavadero para lavar las verduras

- Buscar la tabla y el cuchillo adecuado

- Cortar las verduras

- Embarrar el pan con la mayonesa

- Colocar el jamón

- Colocar las verduras

- Trasladar el pan y las verduras sobrantes al lugar de origen

- Cortar el Sándwich

¿Qué tal fue tu tarea?, ¿fácil o complicado?, quizás al inicio sea un poco complicado, sobretodo mentalmente en lo que te entrenas lo suficiente para poder ver con claridad y sin paradigmas aquellas actividades que No Transforman el producto o proceso, una vez que estás acostumbrado y que no tienes sentimientos ligados a las actividades que no transforman entonces es mucho más fácil ver las cosas.

Bueno, veamos la respuesta correcta, en la parte de abajo te colocaremos la misma lista, en ella verás que hemos puesto en negritas y entre "comillas" aquellas actividades que Transforman el producto:

- Trasladarse a la alacena para tomar al pan

- Sacar el pan de la bolsa

- Trasladarse con el pan hasta el tostador de pan

- "Colocar el pan dentro del tostador"

- Apretar la palanca para iniciar el tostado del pan

- Tostar el Pan

- Esperar a que el pan se tueste

- Sacar el pan de la tostadora

- Trasladar el pan en el plato

- Trasladarse por la mayonesa

- Buscar la mayonesa

- Trasladarse con la mayonesa

- Buscar un cuchillo para untar la mayonesa

- Trasladarse al refrigerador

- Buscar todos los ingredientes y verduras que serán parte del Sándwich

- Trasladarse al lavadero para lavar las verduras

- Buscar la tabla y el cuchillo adecuado

- Cortar las verduras

- "Embarrar el pan con la mayonesa"

- "Colocar el jamón"

- "Colocar las verduras"

- Trasladar el pan y las verduras sobrantes al lugar de origen

- Cortar el Sándwich

¡WOW!, ¿pero qué pasa con todo el montón de actividades que No Transforman?, bueno pues es el nuevo paradigma: ¡Son áreas de oportunidad para mejorar!

El conocer o dominar esta lógica es más del 50% del éxito del Ford Production System y del Toyota Production System y de Lean Manufacturing y de todas las ramificaciones, soluciones y aplicaciones que se han creado a partir de estos sistemas ¡más del 50%!, ¡esto sí es verdaderamente crítico!, porque de no hacerlo como debes hacerlo solamente tendrás resultados mediocres y claro, como muchas veces pasa, "la culpa es de la metodología", ¡CLARO QUE NO!, la culpa es tuya por no querer ver las cosas como son: Transforma o No Transforma el Producto o Servicio, ¡Punto!

Con más de 20 años de experiencia y miles y miles de horas mejorando procesos administrativos en diferentes partes del mundo te podemos asegurar que si eres capaz de observar los procesos claramente identificado a detalle cada actividad que los integra y categorizándolas en si Transforma o No Transforma el producto o servicio tendrás suficiente para muchas veces:

- Duplicar tus utilidades

- Triplicar tu capacidad de producción

- Cortar a la mitad tu tiempo de respuesta

- Eliminar 3 de cada 4 errores o problemas que pasan dentro de la organización

- Duplicar la capacidad de trabajo entregado de tus mismos colaboradores sin necesidad de contratar más

- Facilitar la capacitación y entrenamiento de cada uno de tus colaboradores

- Cumplir al 100% de entregas a tiempo

- Al menos lograr un 75% más de pedidos de tus clientes

¡Haz las cuentas y multiplícalo por "el número que pensaste"!, ¿apoco no es un NUMEROTE?, ¿Apoco no visualizas una empresa o una organización maravillosa?, ¿Apoco no ves que los días son más felices en una organización así como esta que te estamos describiendo?

Muchas personas alrededor del mundo pierden demasiado tiempo "buscando la herramienta correcta", o "la más sofisticada", o ya sabes "la que está de moda", pobres personas, porque en su búsqueda están perdiendo miles o millones.

Este libro prácticamente lo puedes convertir en decenas o cientos o miles de lingotes de oro, eso han logrado las organizaciones que lo han llevado a la práctica de manera precisa, ¿te gustaría también ganar eso?, bueno pues ¡a trabajar!, no dejes de leer y día a día aplica al máximo cada página o capítulo que leas, no importa lo que hagas en tu vida, ¡Este libro cambiará y mejorará tu vida como nunca imaginaste!

EL CLIENTE SIEMPRE ES PRIMERO CON LA FILOSOFÍA DE LEAN, ALGUNOS DE LOS BENEFICIOS PARA LOS CLIENTES SON:

* MEJORA EN LOS TIEMPOS DE RESPUESTA

*ENTREGA DE PRODUCTOS A TIEMPO

*INCREMENTO DE LA CONFIANZA DEL CLIENTE

CAPÍTULO III

MIRA: O CONTROLAS A LOS DESPERDICIOS O ELLOS TE CONTROLARÁN HASTA ACABAR CONTIGO

PASOS CONTRA EL DESPERDICIO
¿CUÁLES SON?
¿DÓNDE HAY?
¡¡ELIMINARLOS!!
¡¡REVISAR QUE NO SE VUELVAN A GENERAR!!

TODO EL PERSONAL DE LA EMPRESA SE DEBE CONVERTIR EN ESPECIALISTA EN LA ELIMINACIÓN DE DESPERDICIOS, PARA LO CUAL LA DIRECCIÓN DE LA ORGANIZACIÓN DEBE PROPICIAR UN AMBIENTE QUE PROMUEVA LA GENERACIÓN DE IDEAS Y LA ELIMINACIÓN CONTINUA DE DESPERDICIOS.

¿QUÉ ES EXACTAMENTE DESPERDICIO?

El desperdicio o Muda son problemas, dificultades o áreas de oportunidad de todo proceso en la oficina o en la manufactura que presentan, impactando en los costos y en la productividad de los negocios.

El reto de tu organización, institución u oficina es la eliminación constante y permanente de los desperdicios, ya que estos son los causantes de que las oficinas y negocios tengan tiempos de respuesta muy prolongados, problemas de calidad o de comunicación, etc.

Digamos que si vemos a cualquier oficina u organización como un arroyo, el agua de este arroyo debería de fluir sin problema y sin complicaciones, sin embargo si seguimos con esta metáfora la realidad no es así, muchas veces el agua de este arroyo que simula todos los procesos de una empresa no fluye de manera natural, sino que se va atorando y estas piedras o obstáculos en la realidad representan los desperdicios.

La meta de todo negocio debe ser visualizarse cada vez más competitivo a través de enfocarse en los procesos que agreguen más valor, sin embargo la realidad es otra, ya que muchas organizaciones aún no son competitivas.

Estas son algunas estadísticas que hemos encontrado a través de nuestra experiencia aplicando las herramientas Lean para la oficina, Lean para producción, Lean en construcción, Lean en sector salud, Lean en gobiernos y Lean en escuelas:

- Los costos operativos pueden llegar a representar alrededor de un 50% del costo total de producción.

- Los costos administrativos pueden llegar a representar del 60% al 80% del costo total de los bienes y servicios vendidos.

- La proporción de las actividades del valor no agregado en una firma manufacturera pueden estar entorno del 80% al 90% del tiempo total de No Valor Agregado.

- En una oficina típica las cantidades no son diferentes, ya que alrededor del 95 al 99% del tiempo total de las actividades No Agregan Valor.

- Se puede llegar a reducir a más del 50% del espacio ocupado para la transformación de los procesos en el caso de procesos operativos, y en caso de administrativos se puede llegar a reducir a mas del 80% el espacio ocupado para realizar estas actividades

- Se puede llegar a reducir al menos un 40% la distancia recorrida en procesos operativos.

- El tiempo de respuesta puede reducirse enormemente, hemos tenido casos extraordinarios de más de un 95% de reducción del tiempo de respuesta, aunque un buen promedio sería al menos un 60%

Irónicamente las empresas, organizaciones e instituciones algunas veces solamente están conscientes de un pequeño porcentaje de actividades que no transforman el producto o servicio o que no agregan el valor. Por esta razón se debe de dar un sentido de urgencia para mejorar la eficiencia de los procesos de negocios.

La inmensa mayoría de las personas del mundo no sabe que existen estos desperdicios, ellos llaman desperdicios nada más a lo que "sobra" de la comida o a lo que "sobra" de algo que usamos y que ya no ocupamos y hasta ahí se queda el concepto, en algo que si "sobra pues hay que tirarlo o echarlo a la basura", bueno, pues eso mismo está pasando con estos tipos de desperdicios y eso mismo hay que hacer a fin de tener empresas, oficinas y personas EFICIENTES.

Los desperdicios "están sobrando" y por lo tanto hay que removerlos de nuestros procesos cotidianos y que vivimos día con día y echarlos a la basura.

Todas las personas del mundo deben de comprender este punto de vista y manejarlo siempre, pero, ¿cómo los quitamos y echamos a la basura?, fácil: con Pensamiento Inventivo y aplicando soluciones que los erradiquen por completo.

Verás: la idea no solo es trabajar, sino trabajar inteligentemente, y una inmensa mayoría de las organizaciones lamentablemente no lo hace.

MEJORAS ADMINISTRATIVAS AL ELIMINAR DESPERDICIOS:

REDUCCIÓN DE ERRORES EN PROCESOS

REDUCCIÓN DEL TIEMPO DE ESPERA DE LOS CLIENTES

REDUCCIÓN DEL PAPELEO EN ÁREAS DE OFICINA

REDUCCIÓN DEL PERSONAL STAFF

REDUCCIÓN DEL TIEMPO DE DOCUMENTACIÓN

MEJOR APROVECHAMIENTO DE LOS PRESUPUESTOS

3. LOS 4 TIPOS DE DESPERDICIO

Tanto la Operación de una empresa u organización como la oficina debería de ser divida en 4 tipos de desperdicio de manera general, estos son[1]:

1. Desperdicio de información,

2. Desperdicios de procesos,

3. Desperdicios de ambiente físico y

4. Desperdicios de personas.

Cuando hablamos de la Identificación de los Desperdicios es muy importante considerar lo siguiente.

1. La habilidad de ver los desperdicios que están ocultos o invisibles o no revelados es la esencia de una implementación Lean que sea exitosa. Identificar los desperdicios tiene que ver con hacer una lista de todos los problemas o desperdicios que identifican las personas.

---

[1] C.Venegas, *Flow in the Office*, 1th Ed. Productivity Press 2007,

2. Algunos tipos de desperdicios pueden aparecer en más de una implementación de Lean para la oficina. Si esto sucede estos deben ser organizados en una forma en la que las personas de esa oficina puedan entender más fácilmente y puedan definir acciones para eliminarlos.

3. Algunos de los desperdicios en la lista pueden parecer similares o incluso idénticos, como sugerencia recomendamos enfocarte en aquellos que rápidamente te hagan sentido y esto te ayudará a mejorar rápidamente sin perder tiempo en tratar de clasificarlos.

3.1.- DESPERDICIOS DE INFORMACIÓN

La información es para la oficina y para las funciones gerenciales lo que las materias primas son para la manufactura, de hecho, y tanto en la operación como en la oficina son fundamentales no importa que hablemos de un hospital, un hotel, una planta de manufactura, un despacho de diseñadores, una planta petrolera, una buró de banqueros, etc., la información es fundamental y es la causante de generar una cantidad inmensa de desperdicios colaterales.

Hoy, la información forma parte de la vida cotidiana, de cada decisión, de cada proceso y de cada acción dentro de cada organización. La información es ubicada o relacionada como una ventaja competitiva consecuentemente, el desperdicio de la información de alguna manera guía a obstrucción del flujo de creación del valor.

A continuación observarás algunos tipos generales de desperdicios de información y en las siguientes secciones describiremos cada tipo con mayor detalle, así como las sugerencias de como prevenir o eliminar este desperdicio.

- Entrada o salida de datos redundantes.

- Sistemas de información incompatibles.

- Chequeo de información manual que ha sido capturada manualmente.

- Datos muertos o sin ningún valor.

- Recaptura de datos.

- Convertir o reconvertir formatos.

- Datos innecesarios.

- Datos sin valor, desconocidos o perdidos.

- Datos incorrectos o no claros.

- Robo de información o falta de seguridad en los datos.

- Definición incorrecta o no clara de la información.

- Discrepancias en datos.

A continuación mencionaremos algunas formas de estos desperdicios y como es que ellos se pudieran eliminar.

SI ELIMINAS LOS DESPERDICIOS DE INFORMACIÓN LOGRARÁS REDUCIR DE UN 40% A UN 60% DE DESPERDICIOS COLATERALES CAUSADOS POR ESTE DESPERDICIO.

3.1.1.- ENTRADA O SALIDA DE DATOS REDUNDANTES

Este tipo de desperdicio de información ocurre cuando datos idénticos ya sea de entrada o salida suceden o son capturados más de una vez sin agregar un valor extra o dicho de otra manera sin ayudar a transformar algo más, en otras palabras, la redundancia es creada por el mismo proceso.

Cualquier redundancia toma tiempo, esfuerzo y recursos que pueden ser utilizados en agregar valor o en transformar la actividad o proceso por ejemplo, en oficinas de salud es muy común que los pacientes llenen múltiples formas que les preguntan la misma información o información similar y luego a esos pacientes se les pregunta las mismas preguntas de nuevo por el asistente médico y el médico que proveerá el servicio.

SUGERENCIAS PARA ELIMINAR ESTE TIPO DE DESPERDICIO:

1. Checa redundancias y repeticiones en el proceso, descripciones de trabajo, documentos, datos y demás cosas

relacionadas donde se estén repitiendo datos.

2. Checa entre los procesos y funciones, no asumas que la redundancia puede ocurrir sólo en un proceso en particular, en alguna función específica, por ejemplo, el departamento de ventas pudiera estar contratando asistentes de ventas de una manera informal cuando ya existe un sistema de reclutamiento establecido por recursos humanos e incluso pudiera ya tener un portafolio de candidatos, o bien, dentro de un proceso productivo se puede dar que un departamento tenga su información y otro departamento trabaje para sacar información parecida o incuso la misma, en este caso se está siendo redundante y están cayendo en este tipo de desperdicio.

3. Asegúrate que la tarea es solamente realizada una sola vez (a menos que la repetición sea estrictamente necesaria para la transformación del proceso) y hecha por aquellos que están mejor calificados para ello.

3.1.2.- SISTEMAS INCOMPATIBLES

Este tipo de desperdicios ocurre cuando 2 o más sistemas son usados en el mismo proceso pero son incapaces de compartir información o datos.

Los sistemas incompatibles proveen numerosas oportunidades para que los errores ocurran y muchos de ellos pueden provocar desastres, como mencionaremos en los capítulos siguientes.

Múltiples sistemas incompatibles también consumen recursos valiosos de computadoras y de personas.

La incompatibilidad de sistemas de almacenamiento y sistemas de sujeción de información es la causa primaria de que la información sea corrompida entre dos sistemas y esto nos genera más desperdicios porque entonces tendremos que verificar la información una y otra vez y tendremos que estar siguiendo en donde fue que se generó dicho problema.

Un ejemplo típico es el siguiente: un cliente espera un tiempo totalmente razonable para que 2 o más miembros de la organización traten de obtener y de buscar información de sistemas incompatibles por todos lados.

Otro ejemplo es el departamento de programación y de facturación, normalmente existen varios sistemas que son utilizados para poder cerrar un solo proceso, en algunas organizaciones puede ser uno el sistema de programación, otro el sistema de control de producción, otro el sistema de facturación y otro el sistema de relación con los clientes. Cada uno de estos sistemas tiene su propio lenguaje y por lo tanto la información normalmente no corre a través de ellos sino que tienes varios sistemas que hacen exactamente lo mismo pero la información no se puede leer entre los sistemas, por lo tanto tienes que estar buscando en cada uno de estos sistemas el dato que tú esperas.

SUGERENCIAS PARA ELIMINAR ESE TIPO DE DESPERDICIO:

1. Simplifica los procesos y minimiza el número de sistemas dentro de todo lo que te sea posible.

2. Simplifica y clarifica los campos en donde se va a meter información ya sea tanto físico como electrónico, esto te ayudará a reducir errores al momento de meter información.

3. Documenta tus sistemas de información claramente y con ejemplos para eliminar los defectos.

4. Cuando un proceso involucra una interacción interfuncional o interdepartamental haz que la información relevante y los documentos sean disponibles para todos los colaboradores relevantes o importantes para este caso.

5. Involucra todas las funciones relacionadas cuando la planeación de nueva información o de nuevos sistemas de almacenamiento sea requerida.

6. Comunica todas las decisiones a los colaboradores (tanto interfuncional como interdepartamental) sobre todo cuando van a ser impactados con los nuevos sistemas estos deberán ser comentados a los colaboradores de la manera más rápida posible además garantiza que los colaboradores sean capacitados y entrenados en este nuevo sistema.

3.1.3.- CHEQUEOS MANUALES

Este tipo de desperdicio ocurre cuando la información electrónica o electrónicamente generada es checada manualmente para ver si está completa o si es precisa y demás actividades similares.

Muchas personas incluso ya están acostumbradas a llamar a este proceso "cuadrar la información", "vamos a ver si cuadra" ¿Cuadrar?, lo único que están demostrando con esto es que no confían en sus sistemas, o bien, que no tienen otra cosa que hacer más que "cuadrar" la información, o bueno, para no ser tan duros, pensemos que en realidad no sabían o conocían esta información que ahora te estamos compartiendo.

Por ejemplo, esto ocurre cuando un contador hace manualmente los cálculos para cuadrar si la información electrónica es real o está correcta, o cuando una secretaria ejecutiva personalmente contrata colaboradores y checa todo y cada una de la información electrónica capturada para ver si está correcta y si cuadra entre la información que el empleado trajo y la que fue capturada.

SUGERENCIAS PARA ELIMINAR ESTE TIPO DE DESPERDICIOS:

1. Reconocer que checar o verificar para que no existan errores es una acción que no transforma el producto.

2. Crea sistemas y métodos que garanticen que la información es verídica, haz pruebas demostrativas que revelen la efectividad de estos sistemas (los sistemas electrónicos no fallan, lo que falla es la gente que diseña y crea esos sistemas con errores).

3. Genera rutinas o procedimientos para que en caso de un fallo eventual el mismo sistema avise que algo está pasando, que te envíe alertas a fin de resolver ese eventual problema.

4. Mantener en mente que esto no significa o no quiere decir tu compromiso para la calidad, por el contrario, esto significa que tú no estás enfatizando la calidad desde el inicio. La idea es crear procesos que garanticen que la calidad sucede desde el principio o a la primera.

3.1.4.- DATOS SIN FINAL O DATOS MUERTOS

Este tipo de desperdicio ocurre cuando los datos fluyen a través del sistema y luego se detienen o no se usan, sirviendo a ningún propósito.

Este tipo de desperdicio no incluye el archivar aunque necesitamos ser claros al respecto de preguntarte ¿por qué es que estás archivando? o ¿qué se debe de archivar? por el contrario, este desperdicio ocurre cuando los datos no son usados o nunca serán usados, mucha gente sabe a lo que nos referimos porque en este paso generan una gran sonrisa en su cara que dice: "esto me pasa muy frecuente a mí cuando le entrego mis informes a los jefes o cuando los jefes me piden ciertos informes", ¿no es así?

Los datos sin final son diferentes de los datos innecesarios. Los datos sin final es información que es pedida por algún documento y luego jamás son vueltos a utilizar.

Por ejemplo, muchos autores o investigadores analizan mucha información de diferentes lugares para poder tener un contexto amplio y se la pasan investigando e investigando en muchos lugares en muchas fuentes y usando muchos recursos y usando mucho tiempo y al final mucha de esta información no es utilizada, no estamos diciendo que no sea importante, sin embargo estas actividades demandaron muchos recursos que pudieron ser utilizados o pudieron ser planeadas desde antes.

Muchas veces los datos sin final o sin salida ocurren como resultado de cambios en el proceso al inicio de la cadena de transformación o al inicio del proceso y no son reflejados o no son comunicados al final de la cadena de proceso o al final de la cadena de transformación.

SUGERENCIAS PARA ELIMINAR ESTE TIPO DE DESPERDICIOS:

1. Identifica porqué están ocurriendo los datos sin salida o los datos muertos. ¿Cuál fue la fuente?, ¿quién los pidió?, ¿por qué los pidió?

2. Identifica específicamente cuáles son los datos sin salida o los datos muertos.

3. Negocia la eliminación o automatización de dichos datos para que las personas que eventualmente ocupen esos datos puedan accesar a ellos de manera instantánea, pero sin que esto signifique que alguien deba de trabajar para crear un informe.

3.1.5.- RECAPTURANDO INFORMACIÓN

Este tipo de desperdicio ocurre cuando la información original es perdida o es distorsionada, así que necesita ser recapturada.

La necesidad de recolectar los datos de nuevo ocurre cuando la información es perdida o incompleta o es insuficiente o también muchas veces sucede que en las organizaciones esta información inicial fue incorrecta.

Recapturar datos es sin duda un desperdicio, este desperdicio es diferente del de entradas y salidas redundantes, ya que este es un evento no planeado.

Recapturar datos es frustrante para todas las personas involucradas y puede resultar en demoras o inclusive en pérdidas de tratos ya que esto implica volver a capturar, pero además volver a buscar la información y muchas veces no se encuentra o no está la persona y sin duda alguna el reflejo de esto se da en el tiempo largo que se toma para poder terminar de capturar dicha o la presente información.

Tienes que eliminar la recaptura de la información pues estarás usando recursos valiosos en operaciones que son desperdicio y que por lo tanto le generan costo a la organización. Sabemos que algunas veces es necesario el que se vuelva a capturar la información pero debe ser algo totalmente eventual, de manera reactiva, pero de ninguna manera de manera periódica.

SUGERENCIAS PARA ELIMINAR ESTE TIPO DE DESPERDICIO:

1. Actualizar los registros de datos y tener sistemas implementados para rastreo de información.

2. Analizar el uso de la información que se está capturando puesto que esto te puede dar una idea de como puede ser presentada y guardada para ahorrar tiempo y esfuerzo.

3. Verificar la información en el punto de entrada. Recuerda: siempre estamos hablando de calidad a la primera en el punto de captura.

3.1.6.- CONVERTIR FORMATOS

Este tipo de desperdicio ocurre cuando alguien cambia la información de un formato a otro.

Por ejemplo, es tomar información que originalmente es presentada como una presentación de Power Point y convertirla en un reporte para entregársela a una audiencia diferente, o algunas veces las personas trabajan para que el mismo reporte sea pasado a varios formatos según el jefe que se lo pida.

Algunas veces esto hace sentido y de hecho tú debes tener diferentes tipos de presentaciones para diferentes tipos de audiencias pero nos hemos dado cuenta que hay organizaciones que hacen esto de una manera automática o incluso han llegado a unificar un solo criterio para que una forma única de presentación pueda ser utilizada para diferentes audiencias teniendo un formato estandarizado y aprobado.

SUGERENCIAS PARA ELIMINAR ESTE TIPO DE DESPERDICIO:

1. Desarrolla sistemas de información que brinden los datos de manera estándar a la persona que necesite ver la información.

2. No tengas personal creando reportes, crea sistemas que generen los reportes de manera automática basado en las lecturas que se toman directamente de la producción o de las computadoras del personal.

3. Da la menor cabida a que el personal capture sus reportes. Los reportes deben de ser llenados de forma automática por la maquinaria, equipos o sistemas, de esta manera tendrás la menor manipulación y por lo tanto tendrás el menor número de errores humanos.

4. Analiza los diferentes formatos para que puedan aprobarte un solo tipo de formato.

5. Automatiza la captura y la presentación de la información para que sea una forma única de presentación.

6. Aplica un formateo estándar cada que te sea posible, evitando formatos muy especializados para cada tipo de audiencia. Antes de iniciar recolecta todos los formatos que existen para presentar información y selecciona aquel o crea aquel que encaje mayormente con cada uno de los requerimientos o de las audiencias, si los múltiples formatos es algo que no puedes evitar, ten en cuenta que si tú tienes un sistema que genera de manera automática los formatos o los reportes entonces perderás mucho menos tiempo.

3.1.7.- DATOS PERDIDOS, DESCONOCIDOS O NO DISPONIBLES

Este tipo de desperdicio involucra datos que deben de estar disponibles para una persona en particular grupo o sistema, pero no lo están.

Cada uno sabe que la información crucial es, o debería estar, en el sistema. Sin embargo no puede ser rastreada o no puede ser encontrada, esta falta de información muchas veces involucra una comunicación interdepartamental o interfuncional, no sólo es un resultado de un desperdicio, pero también nos lleva a conflictos que nunca terminan de echarse la culpa el uno al otro.

Las causas de datos o información perdida o desconocida, no encontrada o no disponible son muy numerosas.

SUGERENCIAS PARA ELIMINAR ESTE TIPO DE DESPERDICIO:

1. Crea sistemas de información que muestren los datos al personal importante de manera instantánea y en el lugar de trabajo. Los datos deben de aparecer o en pizarrones o en pantallas digitales para que el personal

que los está generando o necesitando los tengan visible instantáneamente.

2. Estandariza tus documentos para evitar que a la persona que se le ocurra cambie el formato a su conveniencia propia. Los datos deben de ser presentados de una forma estándar e institucional para que cualquier persona sea capaz de leerlos y de comprenderlos.

3. Haz que la información y la documentación siempre estén disponibles para todo mundo. Si es complicado dar con la información entonces a las personas no les importará y esto creará más desperdicios.

4. Cada que sea aplicable asegúrate que todos los archivos tengan nombres y etiquetas que reflejen cada tipo de datos y que se contiene en cada folder.

5. Crea una cultura y metodología institucional en la manera de archivar y etiquetar la información para que no se pierda tiempo ni se emplee esfuerzo no necesario en estas actividades.

3.1.8.- DATOS INCORRECTOS

Este desperdicio es causado por datos incorrectos que son metidos al sistema y en realidad no requiere más explicación, este problema es obvio y causa un desperdicio enorme en todas las oficinas.

Por ejemplo, imagina las consecuencias de una programación de ventas o una investigación de mercado que se encuentra en un documento y este documento tiene estadísticas erróneas, por lo tanto se tomarán decisiones erróneas y esas decisiones pudieran llegar a afectar a esta empresa llevándola lamentablemente a su bancarrota.

En la era del conocimiento, el conocimiento es poder y la perfección en los datos es un pre-requisito para cualquier proceso de negocio que quiera ser exitoso inclusive en ciertas áreas como el cuidado de la salud y los farmacéuticos, ya que los datos incorrectos debe marcar la diferencia entre la vida y la muerte.

SUGERENCIAS PARA ELIMINAR ESTE TIPO DE DESPERDICIO:

1. Reconoce que la fuente de los datos incorrectos puede no ser la fuente del problema incluso pudiera ser que el

problema se haya generado mucho antes al momento de diseñar el sistema.

2. Rastrea el origen inicial de los datos incorrectos para ayudar a eliminar dichos errores en el futuro.

3. Reduce el número de datos que son capturado manualmente, cada dato que es capturado manualmente tiene una alta probabilidad de error comparado con los datos que son generados automáticamente por los sistemas de información.

4. Simplifica la entrada y la lectura de formatos y de los datos, las pistolas de código de barra son una gran herramienta para la eliminación de datos erróneos o de capturas erróneas puesto que reducen muchísimo los problemas por captura de información erróneos.

5. Otra forma de prevenir datos erróneos es asegurando que la persona que requiera una parte importante de la información sea involucrada de alguna manera en la recolección de dicha información.

6. Mejora la forma de capacitar y de entrenar a los colaboradores en la captura de información.

3.1.9.- PROBLEMAS EN LA SEGURIDAD DE LA INFORMACIÓN.

Los problemas en la seguridad de la información se relacionan con la pérdida de la información o con la corrupción de la información que alguna vez ya fue capturada. En los años recientes, la administración de riesgos y la continuidad de negocios se han convertido en el foco de muchísimas organizaciones alrededor del mundo. El énfasis está ahora cambiando hacia la seguridad de información.

La proliferación de internet e intranet, y la transformación de datos en información sin papel se han tornado en un problema de dimensiones enormes para la seguridad de la información.Por ejemplo, un cliente por muchísimos años ha estado recopilando información que es muy valiosa y se ha estado guardando dentro de un sistema sin un respaldo adecuado o un almacenaje adecuado, esto no solamente está expuesto a ladrones de información sino que también corre el riesgo de ser borrada con una eventualidad o un problema de hardware.

Cualquier información que se guarde en un sistema debe estar siempre bien respaldada con sistemas que garanticen que la información no se perderá o que tengan redundancia al momento de salvar dicha información lo cual garantice a la organización que toda la información recaudada durante años siempre está a salvo.

SUGERENCIAS PARA ELIMINAR ESTE TIPO DE DESPERDICIOS:

1. Haz Backs-Up o respaldos constantes y cotidianos en más de una localidad.

2. Usa encriptación para manejar la información sensible.

3. Establece un control de versiones, esta es una manera en la que siempre sabrás como es que se va generando la información y cual es la adecuada.

4. Sé escrupuloso en el manejo de la información y quien tiene acceso a que tipo de información.

5. Implementa un plan de recuperación y de respaldo.

3.1.10.- DEFINICIONES DE INFORMACIÓN INCORRECTAS O NO CLARAS.

Este tipo de desperdicios ocurre cuando las descripciones de los datos en bases de datos o en las tablas de la base de datos no son claras o son incorrectas, esto afecta tanto a la información que fluye en la operación o producción de un negocio como en su administración.

Por ejemplo, supón que un cliente está esperando por información mientras que los miembros del Staff o colaboradores están buscando en el sistema por algún tipo de datos o información. Ellos no la pueden encontrar pero saben que está allí en algún lugar.

Otro ejemplo es el siguiente: una parte del gobierno o del ayuntamiento tiene múltiples divisiones en un departamento en particular, cada división tiene un número determinado de computadoras y dentro de cada computadora hay sistemas de información con múltiples bases de datos en un esfuerzo por hacer la base de datos disponibles para todos, la información es almacenada en una base de datos principal cuando alguien ahora quiere buscar para imprimir un reporte ellos jalan la información de la base de datos pero es donde el problema apenas comienza, ya que la base de datos no está actualizada y no se sabe en donde está ahora, con el cambio sólo una persona o muy pocas personas saben en dónde está la información y esas personas están ocupadas, por lo tanto no están disponibles así que el reporte pueden pasar días o tal vez semanas en lo que pueda ser completado y todo debido a que la información no estaba clara.

Además ocurre también cuando no se actualizan constantemente los documentos o políticas de la organización y esto causa miles de confusiones que al final terminan costando bastante en tiempo y recursos en general.

SUGERENCIAS PARA ELIMINAR ESTE TIPO DE DESPERDICIO:

1. Estandarizar las definiciones de los datos o la manera en la que se construyen las bases de datos.

2. Asegurarse que el Staff llene correctamente dichas definiciones.

3. Garantizar que el Staff sea entrenado y certificado propiamente para responder y saber en donde está toda la información necesaria por ellos.

3.1.11.- DISCREPANCIAS EN LA INFORMACIÓN.

Este tipo de desperdicio ocurre cuando la misma información que sale de un solo lugar tiene discrepancias o no coincide.

Por ejemplo, supongamos que tú extraes información de una fuente para poder hacer un reporte, luego un día, una semana o un mes después extraes exactamente la misma información de exactamente la misma fuente pero ahora es diferente.

Esto causa confusión y una desconfianza en los datos. De pronto alguien de la planta de operación o de la oficina se levanta y empieza a preguntar que está pasando con el sistema y cual valor es el correcto así que ahora se tiene que crear un grupo de personas o un equipo para poder identificar y rastrear cual dato es el correcto dentro de todas las discrepancias que se tienen.

Todos estos problemas crean actividad que no está relacionada con la producción de la planta operativa o de producción ni con la de la de administración, creando por tanto que esas personas no estén transformando sus productos finales valiosos y generando un costo enorme para la compañía en lugar de un valor para la compañía y para el cliente.

SUGERENCIAS PARA ELIMINAR ESTE TIPO DE DESPERDICIOS:

1. Encuentra la fuente de la discrepancia, en algunos casos la discrepancia no solamente está dentro de tu organización si no que también puede estar fuera de tu organización así que tienes que encontrar exactamente en donde es donde se está generando esa discrepancia.

2. Asegúrate que exista un procedimiento para obtener y almacenar la información perfectamente definido y claro.

3. Actualiza toda la información para hacerla lo más fidedigna posible.

4. Establece estándares organizacionales o relativos para las fuentes de información y su utilización.

5. Establece sistemas de información que constantemente estén revisando de manera automatizada que los datos están correctos.

6. Elimina por completo las capturas "manuales", implementa dispositivos como lectores de código de barras o de

radiofrecuencia para que no exista "el error humano".

> # LA ELIMINACIÓN DE DESPERDICIOS PRESENTA RESULTADOS INMEDIATOS EN LA REDUCCIÓN DEL COSTO, AUMENTO DE LA PRODUCTIVIDAD, ORGANIZACIÓN DEL ÁREA DE TRABAJO, REDUCCIÓN DE INVENTARIOS, REDUCCIÓN DE ESPACIO OCUPADO Y MEJORA DE LA CALIDAD.

3.2.- DESPERDICIOS DE PROCESOS

Los desperdicios más comunes que son discutidos a todo lo ancho y largo de las organizaciones son los desperdicios que ocurren en la manufactura de procesos, y estos mismos desperdicios se han encontrado en otras organizaciones como lo son los hospitales, los restaurantes, la construcción, las oficinas, los despachos contables o legales, las operaciones áreas, etc…

Todos estos desperdicios que hablaremos a continuación se pueden observar en la vida diaria de una persona común y corriente, lo malo es que los ven tan frecuentes y en todos lados que como personas se han acostumbrado a verlos y por lo tanto los han hecho parte de su día a día, ya no son capaces de reconocerlos y por lo tanto no serán capaces de eliminarlos.

Lo que debes hacer es volver a saber de ellos y para eso te los vamos a mencionar aquí, identifícalos en tu día a día, luego elimínalos y finalmente asegúrate que no se vuelvan a generar, porque lo más probable es que los desperdicios luchen por seguir presentes, pero créenos, no te conviene que tengas una vida llena de desperdicios, porque entonces tendrás una vida desperdiciada, ¿quieres eso?, ¡No, ¿verdad?!. Taiichi Onho, el pionero del sistema de producción Toyota identificó 7 tipos de desperdicio o de Muda que es como se identifica al desperdicio en la palabra en Japonés los cuáles son inherentes a la manufactura de procesos:

1. Defectos

2. Sobreproducción

3. Inventario

4. Sobre-proceso

5. Movimiento

6. Espera

7. Transportación

DESPERDICIO ES TODO ELEMENTO DE PRODUCCIÓN, ACTIVIDAD, TAREA U OPERACIÓN QUE NO TRANSFORMA EL PRODUCTO O SERVICIO, AÑADIENDO SÓLO TIEMPO Y/O COSTO; POR LO CUAL, ELIMINAR LOS DESPERDICIOS ES ELIMINAR LAS ACTIVIDADES QUE NO TRANSFORMAN EL PRODUCTO O SERVICIO.

3.2.1.- DESPERDICIO DE DEFECTOS

Los defectos ocurren cuando existe algo equivocado con el producto o servicio o que no sirve para el propósito que fue creado, los defectos constituyen una forma del desperdicio del proceso. Los defectos están presentes tanto en la operación o producción como en los procesos administrativos.

Un defecto del proceso es aquel en el que los errores sobresalen, se identifican o necesitan ser retrabajados, los defectos pueden ocurrir a diferentes lapsos dentro del proceso como ineficiencias de la gente involucrada en la producción o servicio entregado o materiales inadecuados.

Muchas veces la persona o el realizador del defecto no está consciente de que él o ella está produciendo un defecto, porque el defecto está oculto hasta que después en el proceso de análisis o el cliente lo descubren.

Los defectos de hecho representan dos desperdicios: uno es el costo del proceso o producto defectuoso y dos es el costo de arreglarlo.

Los defectos provocan una serie de problemas relacionados con ellos y no solamente "el defecto" en sí mismo, sino que además generan:

- Un tiempo de respuesta más largo de la producción porque ahora no está produciendo, sino que está corrigiendo (lo cual no es producir)

- Pérdidas de órdenes de compra, porque ahora no tienes capacidad ya que tú capacidad esta retrabajando los defectos

- Pérdidas de utilidad

- Desmoralización del personal

Por ejemplo, un software que no trabaja bajo ciertas condiciones o un servicio que falla o no entrega lo que promete es un defecto.

SUGERENCIAS PARA ELIMINAR ESTE TIPO DE DESPERDICIO:

- Capacitación en estrategia Lean que sea a prueba de errores.

- Creación de elementos poka-yoke para prevenir que se generen defectos en el proceso.

- Realizar un programa de eliminación de desperdicios en toda la cadena de producción.

- Rastrear e identificar la causa de los defectos, lo cual elimina la posibilidad de que el error se vuelva a repetir.

- Certificar al personal en cada uno de sus puestos y si es posible en puestos interfuncionales.

- Colocar identificadores de defectos que puedan detectar y mostrar el defecto de manera instantánea, para que el producto o servicio con defecto no siga adelante. Mientras más temprano sea detectado y detenido el defecto ¡mejor!

3.2.2.- DESPERDICIO DE SCRAP

Este es desperdicio porque son residuos de material o de datos que no se utilizarán más.

El scrap está muy presente en los procesos productivos, pero también en los procesos administrativos. Es un grave problema, pues finalmente es dinero que estás tirando a la basura, ¡no es simplemente "scrap", sino dinero!, y en tu organización ni en ninguna organización deben de darse el lujo de perder dinero ni en scrap ni en ninguna otra forma.

El scrap es inherente a ciertos procesos y productos. Por ejemplo, supón que tú publicas una vacante en tu departamento de marketing para un trabajo que promete la mejor carrera, crecimiento y remuneración de la industria para los colaboradores, cientos o decenas de personas te llegarán, sin embargo tú finalmente seleccionarás a un candidato y las aplicaciones restantes si no son bien validadas quedarán como scrap.

SUGERENCIAS PARA ELIMINAR ESTE TIPO DE DESPERDICIO:

1. Quizás sea difícil eliminar todo el scrap que exista pero tú puedes ver como reciclarlos de una manera innovativa, quizás no para el mismo proceso pero para otros procesos.

2. Planea bien lo que vas a necesitar para no quedarte con residuos o inventarios debido a que generarás más costos y por lo tanto menores utilidades.

3. Considera reducir el scrap mediante la implementación de ciertos controles durante el proceso.

4. Establece requerimientos claros y específicos para productos o procesos futuros que puedan eliminar el scrap generado.

5. Elimina los espacios donde pueda ser almacenado el scrap de tal manera que al no tener espacio las personas se obliguen a no generarlo.

3.2.3.- DESPERDICIO DE RETRABAJO

Esto es volver a realizar alguna tarea para corregir un error, errores que se generan tanto en las operaciones de producción como en las funciones administrativas.

Retrabajo es una consecuencia de procesos defectuosos, informes defectuosos o de servicios defectuosos, existen un gran número de posibles de causas al respecto, dentro de las cuales encontramos:

- Pobre calidad en los sistemas de control.

- Diseño de los sistemas o de los métodos de trabajo defectuoso.

- Entrenamiento insuficiente y orientación a los colaboradores.

- Falta de entendimiento de los requerimientos del cliente y demás.

Prevenir la ocurrencia de los defectos debe de ser una prioridad, retrabajar es en la mayor parte de las veces puro desperdicio y con esto reducimos nuestras utilidades debido a que estamos aumentando costos.

SUGERENCIAS PARA ELIMINAR ESTE TIPO DE DESPERDICIO:

1. Diseñar y crear sistemas de trabajo o métodos de trabajo que sean brillantes, que eliminen al mínimo la posibilidad de errores o de defectos y que aumenten al máximo la productividad y eficiencia de las operaciones de cada uno de los departamentos o procesos siguientes.

2. Certificar al personal en sus puestos para que hagan las cosas bien y a la primera desde el inicio de sus actividades.

3. Establecer mecanismos de identificación de errores que permitan la detección inmediata de un posible error para que sean pocas las piezas o problemas afectados y lo antes posible.

4. Prevenir el defecto del trabajo a través de reducir la ocurrencia de defectos.

5. Tener en mente que la misma solución que aplica a los defectos puede aplicar para los retrabajos.

3.2.4.- DESPERDICIO DE INSPECCIONAR, CHECAR Y VOLVER A CHECAR

Estas actividades validan que el trabajo ha sido hecho correctamente pero siguen siendo desperdicios.

Esto es un problema grave, porque incluso los sistemas de calidad en algún tiempo mencionaron un puesto como Inspector de Calidad, y el problema es que el desperdicio ahora hasta puesto tiene.

Hoy en día la actividad del departamento de calidad es la de establecer los mecanismos o sistemas que ayuden a los operadores o personas que están transformando el proceso a prevenir una mala calidad y a identificar inmediatamente un problema de calidad.

Ciertos procesos crean la necesidad de verificar repetidamente. Quizás esto pueda ser como resultado de una alta jerarquía en la organización o de una organización con mucha jerarquía que involucra a un número de niveles gerenciales o jerárquicos que tienen que reportar de uno a otro de manera ascendente.

El estar checando y verificando invariablemente incrementa el tiempo de respuesta y muchas veces te lleva a un resultado confuso. Además y más grave aún es que las personas que producen pierden la responsabilidad de verificar que lo que hacen está bien hecho, pues al fin y al cabo el inspector lo debe de inspeccionar... ¡para eso le pagan a él!

El fundamento más importante de Lean es calidad a la primera y calidad en el lugar de trabajo, es decir, la persona que produce o que transforma es el responsable total y único de la calidad que se transforma en su operación o en su lugar de trabajo.

SUGERENCIAS PARA ELIMINAR ESTE TIPO DE DESPERDICIO:

1. Crear los chequeos dentro de los sistemas o máquinas en sí mismas: esta es una alternativa eficiente para inspeccionar y checar en el instante sin que una persona lo haga sino que más bien la máquina o el sistema sea quien de manera automática e instantánea haga la verificación o chequeo.

2. Simultáneamente empoderar a cada líder o cada nivel jerárquico con una responsabilidad apropiada y un manual de toma de decisiones que establezca como se debe operar y como ellos pueden solucionar los problemas en el instante en el lugar del trabajo por sí mismos.

3. Establece paneles digitales o manuales de información que muestren quiénes están produciendo con defectos o con no calidad a la primera.

4. Establecer consecuencias y aplicarlas de manera diligente para los problemas de calidad.

3.2.5.- DESPERDICIO DE APROBACIONES

Estos son desperdicios si son requeridas para permitir que un trabajo estándar o normal pueda proceder.

Muchas veces las aprobaciones no son otra cosa más que revisiones o verificaciones por que no se tiene confianza en las personas que lo hacen así que tenemos estas áreas de oportunidad:

La oportunidad de delegar una toma de decisiones a la persona correspondiente, la oportunidad de entrenar a los colaboradores y la oportunidad de crear sistemas innovativos y automatizados que permiten que no se generen errores.

Un proceso estándar tiene que ser autorregulado, autocorregido y a prueba de errores, cuando no es así las aprobaciones van a tener que ser requeridas y recuerda que esto es un desperdicio y todos los desperdicios aumentan el costo y disminuyen por tanto las utilidades de la organización.

Cada que requieras una "aprobación" de alguien estarás provocando un montón de desperdicios, como transporte, espera, movimiento, inventario, etc. ¡y todo esto siempre esta costando mucho!.

SUGERENCIAS PARA ELIMINAR ESTE TIPO DE DESPERDICIO:

1. Hacer un inventario de todas las aprobaciones que son requeridas.

2. Establecer sistemas o mecanismos que automaticen la aprobación y así evitar todo el tiempo y proceso que se lleva una aprobación personal, finalmente, la aprobación es una tarea súper repetitiva donde se toman los mismos criterios una y otra vez para aprobar.

3. Determinar por qué la aprobación es requerida e identificar que está faltando para que la persona que genera el trabajo pueda realizar esa aprobación.

4. Identificar que dispositivos se pueden utilizar para de que manera automática la aprobación sea llevada a cabo sin la necesidad de una espera, transportes o demoras.

5. Certificar al personal para que ellos mismos con la seguridad correcta puedan hacer la aprobación, esto también se conoce como empowerment o empoderamiento del personal para la toma de decisiones.

3.2.6.- DESPERDICIO DE FLUJO VARIABLE

Este tipo de desperdicio se presenta como brincos muy altos o valles muy bajos en los ritmos de producción, principalmente causado por la entrada de pedidos muy variable, es decir, una cantidad muy grande de pedidos o una falta de pedidos, a esto se le conoce como: Flujo variable de entrada de producción.

El flujo variable puede presentarse también como períodos de mucho trabajo y producción y seguidos con flujo de muy bajo trabajo y baja producción también.

Un problema común de las compañías es enfrentar el cierre de mes tanto en la parte contable, como en la generación de reporte porque al final del mes cuando tienen que cerrar todo, aparentemente todo se complica, todo el mundo está corriendo y sacando las cosas de último momento y entonces se presenta un pico muy alto o muy variable de producción, este tipo de problemas puede generar errores y conflictos entre las personas.

Muchas personas pueden pensar que el tener un flujo variable de producción es normal pero lo que podemos decirles es que no es nada normal en realidad pues lo que está sucediendo más bien es que las personas ya se han acostumbrado a todo esto y han dejado de observar que esto es un problema y uno grave.

La variabilidad es fatal para cualquier organización, porque no sólo afecta a la institución o empresa, sino a sus proveedores y clientes.

SUGERENCIAS PARA ELIMINAR ESTE TIPO DE DESPERDICIO:

1. Reconocer que las variaciones pueden ocurrir no sólo en un período de tiempo, sino también dentro de los colaboradores y en diferentes departamentos.

2. Tener métodos para anticipar la variabilidad y hacerla extensiva tanto a toda la cadena productiva como a los proveedores.

3. Establecer métodos y estrategias de ventas que permitan que se reduzca al mínimo la variabilidad de las entradas a producción y logren una entrada de pedidos constante, por arriba o en lo esperado y sin variabilidad para la producción.

4. Cuando la programación de trabajo trate de distribuir el trabajo de forma homologada y sin picos o bajos.

5. Usa procesos estándar.

6. Usa plantillas predefinidas.

7. Reduce las redundancias entre los procesos para que no haya esos picos.

3.2.7.- DESPERDICIO DE DEMASIADO INVENTARIO

El demasiado inventario consume espacio ocupado y por lo tanto alguien que se ocupe de administrar o de crecer ese espacio, y alguien que lo controle y realice inventarios continuos del inventario, y por lo tanto alguien que coordine a ese personal y seguramente sistemas de movimiento o montacargas y si es así entonces también un equipo de mantenimiento y gastos relacionados... ¿quieres que continúe mencionando todo lo que provoca el inventario?, ¡y tú que pensabas que sólo era el inventario, he!

Demasiado inventario también oculta problemas dentro de los procesos compensando y haciendo naturales los errores de proceso en lugar de que el problema emerja a la superficie y se pueda encontrar una causa raíz del problema fácilmente.

El inventario en proceso puede impedir el flujo de efectivo y resultar en largos tiempos de respuesta y en el inventario en una oficina o en un ambiente administrativo puede inclusive incluir inventario físico y no físico, como por ejemplo, órdenes de producción y cosas esperando ser procesadas como también pueden ser e-mails, llamadas y decisiones por ser tomadas.

SUGERENCIAS PARA ELIMINAR ESTE TIPO DESPERDICIOS:

1. Documenta los requerimientos por cada paso del proceso.

2. Crea e implementa sistemas o métodos que te avisen de un sobreinventario.

3. No tengas espacio de más, al tener espacio de más las personas lo llenarán con inventario.

4. Establece los máximos y mínimos de inventario por cada paso del proceso basados siempre en una operación eficiente.

5. Implementa sistemas que permiten el "cero inventarios" como el flujo mano-a-mano o de una-sola-pieza.

6. Provee sólo lo que es necesario en la cadena de transformación, al tiempo que es necesario sin tener que correr o ir demasiado lento.

3.2.8.- DESPERDICIO DE TRABAJO INCOMPLETO

Este tipo de desperdicio obviamente se refiere al trabajo que ha sido interrumpido en medio de un proceso de producción.

El trabajo incompleto aumenta el inventario en proceso o WIP (del Inglés Work in Progress), también aumenta el tiempo de respuesta pues se tuvo que parar o dejar de procesar, además hay un desperdicio de espera entre que se para y se vuelve a agarrar el ritmo de producción o incluso en muchos procesos hasta hacer el set-up de nuevo para asegurar la calidad de los productos, algunas de las actividades de un trabajo incompleto pueden ocurrir las siguientes:

- Cancelación del trabajo originalmente pedido

- Un cambio en la administración

- Interrupción por una fuente interna o externa

SUGERENCIAS PARA ELIMINAR ESTE TIPO DE DESPERDICIO:

1. Establecer una política de que no puede haber trabajos incompletos.

2. Si existen cambios de turno establecer una política para que el tiempo de cambio de turno para seguir produciendo sea de menos de 3 minutos, menos de 1 minuto idealmente.

3. Dejar el trabajo incompleto, pero completo en sus bloques, es decir al menos estás completando un bloque de trabajo.

4. Analizar los pros y lo contras de dejar procesos incompletos antes de tomar una decisión final.

5. Determinar la razón de la interrupción en el flujo de trabajo y moverse para solucionar esto.

3.2.9.- DESPERDICIO DE SOBREPRODUCCIÓN

Este es muy simple, es un desperdicio que es generado cuando se está produciendo más o algo que no se necesita en ese preciso momento del tiempo.

La sobreproducción se presenta como un inventario, en el ambiente de oficina la sobreproducción se muestra como una acumulación de trabajo ya sea de una manera física como papelería o virtual como información esperando a ser procesada (como algunos correos electrónicos en la bandeja de entrada para ser revisados), en la operación también se muestra como inventario en proceso WIP, el problema es que mucha gente ¡ya ve eso como normal y no lo es!, la sobreproducción es producir de más por múltiples razones, el 95% de ellas basadas en las ineficiencias, incompetencia o inhabilidad de los procesos o de las personas.

Las órdenes impresas por adelantado es un ejemplo de sobreproducción, otra forma de sobreproducción es la generación de datos innecesarios, aquí pueden ser estadísticas o reportes que no son utilizados pensando en que sí son utilizados.

La sobreproducción también puede acarrear otro tipo de desperdicios o problemas dentro de la cadena de transformación como la generación de cuellos de botella, ciclos de retroalimentación muy pobres, problemas de entrenamiento, procesamiento de lotes y descontento del personal.

SUGERENCIAS PARA ELIMINAR ESTE TIPO DE DESPERDICIO:

1. Mejorar tus sistemas productivos, de soporte o administrativos para que tengan el menor tiempo de respuesta y la máxima calidad a la primera, este es el remedio #1 en contra de la sobreproducción.

2. Reconocer que la sobreproducción es el resultado de otro tipo de desperdicios en la cadena de transformación del producto o del servicio.

3. Resolver esos problemas (por ejemplo los cuellos de botella y los flujos de

información   deficientes)   que automáticamente asegurará que la producción sea alineada a la demanda.

3.2.10.- DESPERDICIO DE ESPERA

Este desperdicio está relacionado con el tiempo de espera sin que el producto o servicio tangible sea transformado.

Por ejemplo, supón que has completado una propuesta importante que tiene que ir a la oficina central, justo cuando tú tratas de enviarla tu acceso a internet se rompe, ahora tú tienes que esperar hasta el siguiente día, una demora que posiblemente te cueste una venta y lo cual puede ser un costo bastante grande.

Períodos de espera como desperdicio pueden ser resultado de:

- Cualquier desperfecto.

- Ineficiencia en la automatización.

- Falta de información.

- Procesos mal diseñados.

- Entrenamiento pobre y comunicación deficiente.

- Exceso de socialización presencial o en internet.

- Falta de capacidad para tomar decisiones por parte de los operadores o de quiénes realizan la tarea.

SUGERENCIAS PARA ELIMINAR ESTE TIPO DE DESPERDICIO:

1. Balancear la carga de trabajo a través de distribuir las tareas a lo largo del flujo de proceso.

2. Establecer un sistema de jalar aplicado a la planta de producción y a la oficina.

3. Remover las revisiones innecesarias durante el receso.

4. Construir tareas múltiples en la programación diaria de trabajo, incluso en los períodos de tiempo de espera.

5. Reducir demoras en los problemas en la automatización entregando trabajo estandarizado y sistemas de decisión eficientes.

3.2.11.- DESPERDICIO DE SOBREPROCESO

Este es procesamiento extra que no es realmente necesario para tener el trabajo realizado o para transformar el trabajo y por lo tanto no agrega ningún valor.

Frecuentemente muchos procesos o actividades se realizan como un hábito o una rutina incluso cuando ellas han perdido su relevancia, por ejemplo, una oficina puede mantener su tradición de las juntas diarias o semanales incluso sin ninguna razón específica o justificada.

Otro ejemplo es imprimir recibos incluso cuando el cliente no lo requiera.

SUGERENCIAS PARA ELIMINAR ESTE TIPO DE DESPERDICIO:

1. Para saber si realmente es un sobreproceso apégate a la definición que una actividad solamente agrega valor si está transformando el producto o servicio, de no ser así seguramente será un sobreproceso.

2. Implementa avances en la tecnología que puedan reducir y simplificar tus procesos.

3. Examina, conduce una lista o examen externo para descubrir procedimientos más eficientes en la realización de tu trabajo.

4. Repetidamente busca sugerencias de los colaboradores y clientes para la simplificación del trabajo y la eliminación de pasos no necesarios.

3.3.- DESPERDICIOS DE AMBIENTE FÍSICO

Dos tipos de desperdicio normalmente son encontrados en un ambiente físico ya sea en la planta de producción como en los procesos administrativos, dichos desperdicios los podemos encontrar en dos grandes grupos como lo son:

1. Desperdicio relacionado a la seguridad.

2. Desperdicio relacionado con el movimiento de la persona o de objetos.

En los siguientes párrafos estaremos describiendo en más detalle cada uno de estos desperdicios con sugerencias acerca de como prevenir y/o eliminar cada tipo de desperdicio.

3.3.1.- SEGURIDAD

Un ambiente físico seguro es aquel donde todos los trabajadores son protegidos de alguna eventual lesión. Desafortunadamente la seguridad en el ambiente de oficina, no llama tanto la atención como en un ambiente de producción dentro de una fábrica sin embargo son igual de importantes.

Muchos problemas de seguridad suceden en un ambiente de oficina, una vista parcial pudiera ser la siguiente:

- Áreas probables de causa de accidentes.

- Ventilación pobre.

- Iluminación deficiente.

- Temperaturas o altas o bajas.

- Exceso de Ruido.

- Probabilidad de incendio.

- Mobiliario de oficina deficiente o de baja calidad.

- El uso de sillas o mesas como escaleras.

- Gabinetes que no están propiamente afianzados.

- Demasiados cordones eléctricos y cables de computadoras.

- Pobre distribución de las áreas de trabajo.

La seguridad en la oficina y en la planta de producción o en el negocio en sí necesita ser lograda al 100% para que los colaboradores se sientan totalmente seguros y puedan desempeñarse al máximo.

SUGERENCIAS PARA ELIMINAR ESTE TIPO DE DESPERDICIO:

A pesar de que los problemas de seguridad típicamente están relacionados con la ergonomía, para mantener una oficina sana es necesario poner atención en lo siguiente:

1. Diseño de la instalación del trabajo y de los equipos de trabajo.

2. Rondas constantes para identificar áreas o elementos posibles de causa de accidentes.

3. Control en la temperatura, luz, ruido y espacio.

4. Diseño de las tareas.

5. Certificación en los puestos de trabajo para que los miembros del Staff realicen sus actividades tal y como se diseñaron para evitar accidentes

6. Factores psicológicos (interacciones personales, ritmo de trabajo y control del trabajo).

7. Asegúrate que tu oficina sea alineada perfectamente a las regulaciones de seguridad existentes en tu estado o país.

3.3.2.- DESPERDICIOS RELACIONADOS CON EL MOVIMIENTO DE LAS PERSONAS U OBJETOS.

El desperdicio en el ambiente típico también puede ocurrir cuando la gente se está moviendo o está moviendo cosas físicas y llevándolas de un lugar a otro tanto en el área operativa como en la oficina.

Desperdicios en la forma de movimiento algunas veces ocurren cuando hay una distancia física entre los procesos adyacentes, por ejemplo, en el ejemplo que dimos en el proceso de programación y el proceso de facturación normalmente las personas tienen que caminar para entregar una orden de producción y si la persona está caminado para entregar una orden de producción entonces la persona no está trasformando lo que se necesita.

Existen otros tipos de desperdicio relacionado con el movimiento, los cuales se han convertido casi en un modo de vida del trabajo dentro de la oficina, lo cual incluye el caminar para cierta impresora o fax o inclusive el viajar muchas veces entre países o continentes para tener juntas o reuniones.

SUGERENCIAS PARA ELIMINAR ESTE TIPO DE DESPERDICIO:

1. Minimizar la cantidad de movimiento, caminatas, u otras formas de transporte.

2. El uso de las tecnologías de información o de telecomunicaciones disminuyen y muchas veces eliminan este tipo de desperdicio.

3. Reducir el flujo de papel y tener copias físicas en lo mínimo.

4. Localizar tareas una al lado de la otra en todas las veces que sea posible.

3.4.- DESPERDICIO DE PERSONAL

Desperdicio de personal, el capital humano es sin duda el activo más importante de cualquier negocio es también muy probable el único activo que es único e irremplazable. Consecuentemente los desperdicios relacionados con los recursos humanos pueden provocar un altísimo costo a los negocios.

A continuación vamos a enlistarte algunos de los desperdicios de capital humano más comunes que hemos encontrado dentro de nuestro trabajo en diferentes organizaciones, con el fin de que los puedas identificar y eliminar:

- Roles no claros

- Organizaciones jerárquicas no claras

- Falta de entrenamiento y de certificación en los puestos de trabajo

- Trabajo o tareas impropias para las competencias del personal

- Multitareas

- Utilización deficiente del talento

- Falta de enfoque estratégico

Ahora vamos a comentar cada uno de estos para que tengas una idea más clara de a que nos referimos y como puedes llegar a evitarlos.

3.4.1.- ROLES NO CLAROS (RESPONSABILIDAD Y RENDICIONES DE CUENTAS)

Este tipo de desperdicio involucra la falta de claridad relacionada con cualquiera o todas de las siguientes actividades:

- Lo que un individuo o una organización es responsable por hacer.

- Cómo va a ser medido el trabajo de ese individuo.

- Qué está incluido y qué no en el trabajo.

- Los límites de la autoridad de un empleado.

- Hacia quién el individuo y la organización deben reportar las cuentas.

El impacto de los roles no claros, puede caer en un rango desde no asumir responsabilidad voluntaria desde una persona hasta un grupo completo que no tienen la responsabilidad de cumplir las tareas, cuando la responsabilidad y la autoridad no está clara un número de impedimentos pueden ocurrir incluyendo:

- Problemas éticos de los grupos,

- Comportamiento inadecuado,

- Duplicación de esfuerzos, sólo por mencionar algunas.

La ambigüedad en las definiciones de roles también puede causar demoras e interrupciones en el trabajo porque es más fácil para la gente pasar la responsabilidad.

SUGERENCIAS PARA ELIMINAR ESTE TIPO DE DESPERDICIO:

1. Resolver las ambigüedades de roles y de ideas mediante un análisis profundo del trabajo.

2. Clarificar las descripciones de puestos mediante los formatos apropiados.

3. Asegúrate de tener una estructura organizacional bien definida y conocida por todos los miembros del Staff.

4. Establecer mecanismos para la comunicación interdepartamental y los roles jerárquicos.

3.4.2.- FALTA DE ENTRENAMIENTO.

Falta de entrenamiento, este tipo de desperdicio incluye tanto la falta de entrenamiento hacia el puesto del trabajo como el entrenamiento del desarrollo de las habilidades de la persona.

El futuro pertenece a las organizaciones que aprenden.

Tú necesitas saber cuáles son las habilidades y conocimiento de tu gente y habilitarlos para adquirir nuevas competencias en respuesta a las necesidades cambiantes del negocio.

Fallas en entrenar a tus colaboradores de una manera regular y adecuada te puede privar de tener una compañía competitiva y por lo tanto de ser rentable, "si bien te va" la falta de un entrenamiento apropiado muchas veces resulta en otro tipo de desperdicio como defectos y demoras, el problema es que la falta de entrenamiento apropiado genera arriba del 50% del costo de operación y del desmesurado tiempo de respuesta de una planta, negocio u oficina.

SUGERENCIAS PARA ELIMINAR ESTE TIPO DE DESPERDICIO:

- Analiza habilidades y conocimientos necesarios para el desempeño exitoso de cada uno.

- Diseña cada actividad para que tenga la mayor eficiencia, por arriba de la que tienen tus competidores.

- Certifica a cada uno de los miembros del Staff en sus actividades y en actividades en las que pueda apoyar.

- Reconoce que el cambio para mejorar en cada concepto debe de estar fundamentado con el entrenamiento de los colaboradores para que cada sistema tenga una alta probabilidad de éxito.

3.4.3.- INTERRUPCIONES

Este tipo de desperdicio ocurre cuando alguien está realizando una actividad y de forma no esperada se le interrumpe de seguir realizando dicha tarea.

Llamadas telefónicas, correos requiriendo atención urgente, juntas no planeadas e interrupciones parecen ser el día a día de un ambiente de oficina normal, algunas interrupciones son producto del diseño de procesos o de la falta del diseño de procesos. Las interrupciones reducen la calidad del trabajo, requieren de volver a enrolarte en la tarea que estabas realizando, así que la pregunta sería ¿Puede un proceso ser diseñado para eliminar interrupciones? y la respuesta es sí.

Para eliminar las interrupciones los gerentes asignan y entrenan a los colaboradores tanto para tomar llamadas de los clientes, para procesar las órdenes o pedidos como para mandar los programas de programación y producción, con esto se evita que una sola persona tenga el conocimiento y el Know How de como hacer las cosas y promueve que todas las personas tengan el conocimiento para poder realizarlas, además de que:

1. Esto permite un trabajo estandarizado para cada proceso que mencionamos.

2. Hace que las métricas o estadísticas de procesos se mejoren de forma radical en poco tiempo.

3. Reduce la cantidad de "set up mental" (queda el tiempo requerido para regresar a tu trabajo y agarrar el mismo ritmo que tenías antes de ser interrumpido).

4. Los equipos se vuelven mucho más responsables de lo que hacen puesto que pueden lograr más cosas en menos tiempo.

SUGERENCIAS PARA ELIMINAR ESTE TIPO DE DESPERDICIO:

1. Tú puedes eliminar interrupciones a través de una adecuada planeación, programación y realización del trabajo.

2. Entrena al personal para que sepa manejar cada una de las interrupciones apropiadamente, crea métodos,

mecanismos o protocolos para que esto suceda de manera estandarizada entre todos los miembros del Staff.

3. Asegúrate que dicha planeación, programación y realización del trabajo sea llevada en todos los niveles de la organización: tanto en el individual, departamental y en la organización en general.

4. Asegúrate que los gerentes deleguen previamente la toma de decisiones, ten colaboradores capaces y entrenados para esto.

3.4.4.- MULTITAREAS

Este desperdicio generalmente ocurre cuando la gente conduce más de una tarea simultáneamente cuando en realidad ellos pueden manejar sólo una tarea al mismo tiempo.Individuos con la habilidad de desarrollar más de una tarea al mismo tiempo son muy buenos en un ambiente competitivo actual. Ellos usualmente son requeridos para hacer más con menos, así que las multitareas se convierten en una habilidad intencional para sobrevivir.

Usar la multitarea para hacer un más efectivo uso de los recursos humanos, tiene atrás un grave peligro, la multitarea pude convertirse en algo contra productivo a pesar de que muchas personas son mejores que otras realizando multitareas la gran mayoría tiene la habilidad para hacer una tarea al mismo tiempo y poder estar enfocado, así que cuando las personas en lo general son desenfocadas volvemos a un problema de esperas porque tardan en volver agarrar el ritmo que traían anteriormente.

SUGERENCIAS PARA ELIMINAR ESTE TIPO DE DESPERDICIO:

1. En lugar de tener multitareas en todos los puestos decide cuál encaja mejor en cada proceso, rol o área de trabajo.

2. Si la multitarea es una competencia requerida por un rol en particular entonces mantén esa habilidad en mente al momento del reclutamiento.

3. Asegúrate que objetivos separados así como estándar simétricas diferentes sean aplicados para cada actividad.

4. Es bueno que puedas certificar a la persona en diferentes tareas, así podrás contar con ellos para más de una tarea y tendrás

tranquilidad de que si alguien no viene siempre habrá alguien quien sabe hacer su trabajo.

3.4.5.- SUBUTILIZACIÓN DEL TALENTO.

Este desperdicio ocurre cuando el potencial creativo o potencial productivo de los recursos humanos no es totalmente utilizado o es utilizado en un porcentaje muy bajo. Desencadenar el potencial total de un individuo no es fácil, hay ocasiones, en que el individuo no está totalmente consciente de sus competencias.

Organizaciones exitosas toman los pasos concretos para asegurar que sus colaboradores sean totalmente utilizados (pero no sobre-utilizados). La subutilización de recursos humanos puede ocurrir de muchas formas, por mencionarte algunas son las siguientes:

- Una persona que está limitada por los límites de su decisión de puesto y entonces no observa la oportunidad de contribuir creativamente.

- La cultura de negocios puede desmotivar a la innovación.

- La cultura puede ser muy indulgente con las políticas organizacionales.

- La cultura puede mantener un reporte o de sistemas muy arcaico sin un alcance o sin un empoderamiento de los niveles más bajos.

- El negocio puede desalentar a una exposición interdepartamental.

SUGERENCIAS PARA ELIMINAR ESTE TIPO DE DESPERDICIO:

1. Construye una cultura que se enfoque en el crecimiento del valor del capital humano.

2. Asegura que tu liderazgo sea abierto a sugerencias e ideas propuestas de todos los niveles.

3. Da a los colaboradores la oportunidad de desarrollarse en otras funciones, niveles y geografía cuando sea posible.

4. Alienta a los colaboradores a tener una voz activa en el desempeño de sus procedimientos y en su desarrollo del plan de carrera.

5. Usa técnicas de facultamiento o empoderamientos como la formación de equipos auto-dirigidos para que contribuyan directamente ala utilización del potencial en cada empleado.

3.4.6.-JERARQUÍA Y ESTRUCTURA ORGANIZACIONAL

Este desperdicio ocurre si dentro de la estructura organizacional existen demasiados niveles jerárquicos así como la presencia de niveles verticales no necesarios que impiden el flujo de valor o la transformación del producto o servicio.

El propósito de tener niveles jerárquicos es asegurar que la rendición de cuentas es distribuida de acuerdo a la importancia o a la complejidad de tareas, como quiera una organización muy alta estructuralmente o jerárquicamente es clave para que exista un flujo muy lento de información o de transformación porque crea procesos innecesarios, burocráticos y complicados de sistemas de aprobación para legitimar la jerarquía, por lo que ocasiona tiempos de respuesta extremadamente largos y poco productivos.

SUGERENCIAS PARA ELIMINAR ESTE TIPO DE DESPERDICIO:

1. Crea sistemas de información que agilicen los procesos y decisiones automáticas o repetitivas sin necesidad de tener que pasar por la jerarquía lo los puestos de la organización.

2. Publica organigramas con puesto y fotografía a la vista de los miembros del Staff para que sepan reconocer cada persona y su rol dentro de la organización.

3. Facilitar un eficiente flujo de valor a través de una comunicación de arriba hacia abajo como de abajo hacia arriba.

4. Tener en mente que aunque una organización totalmente plana sea tal vez utópica no es difícil de asegurar que todos los colaboradores sean involucrados en una planeación estratégica y en una definición de metas.

5. Delegar responsabilidad y confianza a los colaboradores para que tengan algún nivel de toma de decisión para acelerar el proceso e inculcar el sentido de pertenencia.

3.4.7.- ERRORES EN EL MOMENTO DEL RECLUTAMIENTO DEL PERSONAL

Error de reclutamiento, este tipo de desperdicio ocurre cuando una organización selecciona a la persona incorrecta o pierde a la persona correcta de un puesto.

Los costos de reclutamiento y de nómina son algunos de los gastos más grandes para la mayor parte de las organizaciones y también son causa de una enorme y muchas veces larga cadena de desperdicios para la organización y para los individuos.

Los desperdicios pueden ocurrir por dos errores comunes en el reclutamiento:

- Errores de este tipo ocurren cuando los reclutadores no observan al candidato detenidamente para que encaje de forma correcta y exacta en la descripción que tiene la organización de ese puesto.

- Un error más serio de reclutamiento es cuando el candidato erróneo es reclutado, esto puede ocurrir debido a unas débiles decisiones de puesto o falta de competencia para analizar los puestos o métodos inapropiados de reclutamiento o bien falta de habilidades de reclutamiento.

SUGERENCIAS PARA ELIMINAR ESTE TIPO DE DESPERDICIO:

1. Cuando conduzcas y realices un análisis de puestos y competencias incluye entradas y puntos de vista de toda la dirección, la alta gerencia, los puestos actuales y compañeros en otros departamentos para tener una vista de 360° de todo el puesto.

2. Asegúrate que el panel de reclutamiento también incluya representantes de todas las funciones importantes o relevantes para este puesto.

3. Tropicaliza o adecua los criterios o herramientas usadas para el reclutamiento, dependiendo del candidato, departamento y nivel jerárquico.

4. Establece contratos temporales y evaluaciones semanales con retos específicos para saber si el personal recién contratado será adecuado para lo que lo necesitas.

5. Utiliza la "Regla de Donald Trump": Sé lento para contratar y muy rápido para despedir

3.4.8.- FALTA DE ENFOQUE ESTRATÉGICO

Este tipo de desperdicio ocurre cuando la gente trabaja en silos sin tener un enfoque organizacional en sus metas. Por ejemplo, sólo se enfocan en las metas de un departamento específico o de una división o de un grupo de trabajo y crean conflictos de intereses internos; conflictos de intereses son una forma común en los que las personas tienen muchos desperdicios en las organizaciones modernas, por ejemplo, un gerente quizás quiera reclutar a más gente, pero el departamento de finanzas siente que es tiempo de recortar los costos del personal. A ese nivel la gente se enfoca en lo urgente pero no en lo importante y pierde el enfoque de las prioridades a largo plazo.

Otro resultado de la falta de enfoque estratégico son los proyectos departamentales que no contribuyen al avance de las metas corporativas. Todos los proyectos deben ser alineados con una estrategia organizacional a largo plazo.

SUGERENCIAS PARA ELIMINAR ESTE TIPO DE DESPERDICIO:

1. Alinea las metas departamentales e individuales y proyectos a la estrategia de la organización.

2. Deja que cada empleado participe en la planeación estratégica.

3. Sé trasparente al respecto de los objetivos a largo plazo, la misión, visión y valores de tu organización.

4. Alienta a las interacciones y equipos de trabajo entre los diferentes departamentos.

MANDAMIENTOS LEAN-TPS

*MANTÉN SIEMPRE EL OBJETIVO FINAL EN MENTE

*ASIGNA TAREAS CLARAS A OTROS Y A TI MISMO

*PIENSA Y HABLA BASADO 100% EN DATOS PROBADOS Y VERIFICADOS

*UTILIZA LA SABIDURÍA Y EXPERIENCIA DE TUS COMPAÑEROS

*COMPARTE TU INFORMACIÓN PERIÓDICAMENTE

*REPORTA, INFORMA Y CONSULTA A TIEMPO

*ANALIZA Y ENTIENDE LOS RESULTADOS DE TUS ACTIVIDADES DE MANERA MEDIBLE
*MEJORA CONSTANTEMENTE A TRAVÉS DE KAIZEN
*PIENSA "AFUERA DE LA CAJA"
*SIEMPRE PROTEGE Y MEJORA TU SALUD

CAPÍTULO IV

CÓMO AUMENTAR EL VALOR AGREGADO O LA TRANSFORMACIÓN EN MIS PROCESOS AL MÁXIMO NIVEL

4.- MÉTODOS PARA DESCRIBIR Y OPTIMIZAR EL VALOR AGREGADO EN LAS FÁBRICAS Y OFICINAS.

Uno de los beneficios claves que la mayor parte de los negocios aspiran al tener una implementación de manufactura esbelta en oficina o en la producción es la eliminación del desperdicio, con esto logran reducir muchas veces su tiempo de respuesta a menos de la mitad y aumentar su producción con el mismo personal en 2 o 3 veces dentro de la misma área productiva.

Hoy en día los negocios están lidiando con muchas cosas con las que no se habían topado antes tanto con los clientes como inversionistas y para ganar una ventaja competitiva deben de ser muy eficientes en todos y cada uno de sus procesos, no sólo operativos sino también en los administrativos, como lo hemos comentado anteriormente los desperdicios en la oficina y en las áreas administrativas pueden ser mucho menos visibles comparados con aquellos que se encuentran a nivel de piso dentro de un proceso productivo, como quiera que sea, los resultados de los desperdicios en la operación o en la oficina, como la demora en la respuesta a las órdenes de los clientes o una contabilidad incorrecta pueden ser muy costosos e incluso devastadores.

Se estima que más arriba del 90% del tiempo de respuesta en muchas manufacturadoras e industrias de servicios u oficinas es generado exclusivamente por puro desperdicio, por lo tanto el librar a la oficina o al área de producción de desperdicios internos es una jornada laboriosa y profunda hacia la efectividad de los costos, la satisfacción del cliente y la rentabilidad.

Existen muchas formas de acercarse a la reducción del desperdicio y tener operaciones esbeltas para maximizar el valor. Y aunque muchas de estas formas de acercamiento buscan eliminar todos los desperdicios de diferente perspectiva todos llegan hacia un mismo punto que es la reducción de los costos, la reducción del tiempo de proceso, la mejora en el flujo de información y la optimización del valor.

Los conceptos claves de Lean para la oficina o fábrica que son mayormente utilizados dentro de las organizaciones incluyen los siguientes[2]:

1. Las 5´S

2. Control visual

3. Flujo continuo

4. Dispositivos a prueba de error

5. Operaciones estandarizadas

6. Justo a tiempo

7. Takt time

8. Trabajo nivelado

9. Sistema de jalar

10. Células de trabajo

Estos métodos logran que la mayor cantidad de problemas relacionados con los desperdicios sean eliminados. Estos métodos no son "modas" o "proyectos", sino que son una cultura organizacional tan normal e igual a producir correctamente, no tienen un tiempo de vida o de caducidad, siempre están

---

[2] C.Venegas, *Flow in the Office*, 1th Ed. Productivity Press 2007,

vigentes y cada uno de los miembros del Staff debe estar totalmente consiente y comprendiendo que estos métodos son parte de la vida normal de la organización y por lo tanto parte de su trabajo.

4.1.- LAS 5´S

Muchos tipos de desperdicios en la oficina como defectos, movimiento, datos no disponibles y esperas surgen por la deficiente organización de los procesos y del área de trabajo.

El objetivo de las 5´S es el de clarificar y crear un espacio de trabajo que sea limpio, ordenado y bien organizado que produzca o genere un flujo de valor continuo e ininterrumpido.

Usualmente es recomendado que el primer paso en la jornada de tener una oficina o fábrica Lean empiece con las 5´S porque clarifica las áreas de trabajo y lo lleva hacia una mejora inmediata notable y sostenible en el futuro.

1. SEPARAR: identificar o separar elementos requeridos para la tarea.

2. ORGANIZAR: se refiere a simplificar y ordenar el proceso en el área de trabajo.

3. LIMPIAR: se refiere a remover las cosas innecesarias para la transformación del proceso.

4. ESTANDARIZAR: se refiere a la documentación de los procesos tal y como deben hacerse para no generar desperdicios.

5. SOSTENER: se refiere a mantener el proceso tal como fue documentado por siempre.

4.2.- CONTROLES VISUALES.

"Un espacio visual" es un elemento integral de la filosofía Lean, los controles visuales son sistemas de retroalimentación que le dicen al trabajador y a la gerencia el estado actual del trabajo en el sistema, por ejemplo:

En call centers puede haber o existir un pizarrón de lectura en la pared o en las pantallas de la computadora que despliegue el número de llamadas en espera, tiempo promedio de llamadas en espera, tiempo actual u hora, y otras métricas similares.

En un área productiva pueden existir tableros de control, señalización en pisos, identificación de áreas, identificación con señalización del lugar correcto para cada herramienta de trabajo, así como dispositivos sonoros y visuales que permitan que una gran cantidad de personas se den cuenta de cierta situación como falta de abastecimiento de algún material, maquinas paradas o descompuestas, necesidad de ayuda del supervisor, etc.

En una oficina de compras, los controles visuales pueden estar en un pizarrón que indique cuántas órdenes están colocadas, cuántas están atrasadas y cuántas están en proceso.

También las señales en los bancos y en las oficinas pueden estar "flashando" para indicarles a las personas el turno actual y en su momento canalizar a las personas al turno donde les corresponde su servicio.

La ventaja de los controles visuales es que de una manera general proveen a todas las personas información crítica acerca de como se está procesando el trabajo, en otras palabras ayuda a los clientes, proveedores y colaboradores a trabajar más inteligentemente.

Esta información permite a la gente responder rápidamente ante cualquier eventualidad o problema que surja, en efecto, los controles visuales apoyan la cultura del facultamiento, para ayudar a que los colaboradores puedan hacer su proceso auto explicativo y auto identificable.

4.3.- FLUJO CONTINUO.

El "flujo continuo" o "flujo de una sola pieza" es la condición en que un producto, servicio o elemento progresa o camina a través del flujo de valor o del proceso sin ninguna interrupción y sin ningún paro en tiempo, es decir, ininterrumpido.

En manufactura esto implica que una parte es procesada a la vez y completada antes de que fluya a la siguiente estación o proceso y fluye parte por parte sin parar de una estación a otra.

En oficinas, el flujo continuo involucra completar cada proceso de forma perfecta sin ninguna interrupción, como puede ser una espera, demora o algún transporte y así pasa de un proceso o actividad a otra de manera inmediata. Actualmente los sistemas de información logran sobresalientemente este punto.

La relación entre flujo continuo y eliminación de desperdicio es una paradoja parecida al "huevo o la gallina" establecer flujo continuo elimina desperdicio pero la reducción del desperdicio es un prerrequisito para mantener un flujo continuo, por lo que ambos tienen que ser establecidos e implementados eficientemente y además de forma simultánea.

4.4.- FLUJO CONTINUO EN LA OFICINA.

Instituir un flujo continuo en la oficina es todo un reto, ya que las interrupciones constantes son una característica típica de las oficinas, como llamadas telefónicas o emails constantes que llegan a la gente a interrumpir el trabajo o la transformación que ellos están haciendo.

Por ejemplo, los gerentes constantemente son llamados a responder o completar información de los dueños o los directores, los cuales requieren información para tomar decisiones importantes de negocios y esa información necesita estar presente o debe estar actualizada día a día o al final del día, simultáneamente los colaboradores esperan la atención de los gerentes para resolver algún problema o hacer decisiones que ellos no pueden realizar o tienen duda de realizar.

Alguna de estas cosas no pueden ser cambiadas y las funciones de la dirección quizás siempre sean direccionadas de acuerdo a la importancia o a las urgencias, pero trabajar a través de un flujo continuo puede ser muy benéfico para ambos tanto para la organización, como para los gerentes. Un prerrequisito para establecer un flujo continuo es la comunicación eficiente y cooperación entre varios procesos, de hecho, el énfasis en el flujo continuo promueve la cooperación entre los colaboradores mediante remarcar los aspectos simbólicos de las relaciones, los cuales alientan el trabajo en equipo y la revisión de cuentas grupales.

Ahora en nuestros días con la generación de diferentes tipos de sistemas cada vez más a la mano vía Internet, con servidores propios o en la nube, el flujo continuo también es cada vez más fácil de lograr ya que al tener procesos que sean generados de manera automatizada permite tomar mejores decisiones y disminuir los tiempos de respuesta.

El otro punto importante para tener un flujo continuo es la adecuada capacitación y certificación del personal basados totalmente en procesos estandarizados y documentados , esto permite que las personas tengan toda la información necesaria para poder tomar decisiones correctas en el instante y no generar espera al tener que esperar a sus gerentes o coordinadores para tomar cierto tipo de decisiones, el flujo continuo cada vez es más fácil de lograr mediante la identificación correcta de lo que transforma el servicio o el producto que se está entregando y la subsecuente documentación correcta de dichos productos o servicios.

4.5.- MÉTODOS O DISPOSITIVOS A PRUEBA DE ERROR.

"Si algo puede ir mal, seguramente irá mal" esto es lo que menciona la ley de Murphy.

La intención de los dispositivos o métodos a prueba de error o Poka Yoke (como es conocido en japonés) es de hacer imposible, o al menos hacer muy difícil, el que se cometa algún error por causa humana.

Los defectos son la forma más común de desperdicio tanto en manufactura como en las situaciones de oficina, los dispositivos o métodos a prueba de errores permiten liberar a las operaciones o actividades de un proceso de este tipo de problemas, dándoles un tiempo valioso incrementando la rentabilidad, reduciendo costos y mejorando la productividad general.

Poka Yoke no es solamente acerca de corregir un error, sino que también involucra rastrearlo y eliminar la causa raíz de ese problema de manera definitiva.

Los dispositivos o métodos a prueba de error en la oficina pueden resultar retadores pero valen la pena el esfuerzo especialmente en cadenas repetitivas que involucran la atención detallada o la memorización ya que esto aumenta el potencial de errores.

Por ejemplo, los dispositivos a prueba de errores en los campos de diseño de una documentación web puede permitir al usuario continuar la creación de ese sitio web sin ningún problema a través de tener una lista de verificación o un Checklist que le permita siempre seguir el mismo proceso y no olvidar ningún tipo de cuestión importante al momento de crear un sitio web.

Otra forma de utilizar un dispositivo a prueba de error es crear unas instrucciones para el usuario que sean muy claras o intuitivas, hay un gran campo de oportunidad al momento de crear documentos que permitan a los usuarios ubicar la información clara para tener una información correcta que sea muy productiva y a prueba de error.

Otro caso, por ejemplo, pueden ser los cajeros automáticos los cuales para evitar el problema de que se olviden las tarjetas crédito en los mismo cajeros, cuentan con un sistema que al momento que concluye la operación generan un ruido y un flash luminoso que permite al usuario saber que tiene que recoger su tarjeta, sin olvidarla.

4.6.- OPERACIONES ESTANDARIZADAS.

Una frase usualmente escuchada dentro de los consultores Lean es la siguiente:

"Sin operaciones estandarizadas no existe Kaizen".

Las operaciones estandarizadas en Lean involucran las 5´S y también involucran una documentación particular de hacer las cosas o series de actividades en lugar de hacerlo simplemente de una manera oral o verbal, las operaciones estandarizadas proveen de un ambiente de trabajo estable y es mucho más fácil identificar problemas y áreas de oportunidad para hacerlas mejorar. El tener la información documentada asegura que todos los trabajos sean realizados en la misma forma, con las mejores prácticas y con la misma secuencia, lo cual garantiza que podremos obtener el mejor resultado, por lo tanto, esto reduce la variación en la salida de los procesos, incrementa la rentabilidad y posibilita la utilización óptima de todos los recursos de la organización.

Las operaciones estándar no son sólo algo escrito en concreto que hace burocráticas las actividades (algunos piensan de esta manera), por lo que, es importante aclarar que la estandarización no obstaculiza la creatividad, sino que es el proceso dinámico que facilita la mejora continua.

Las mejores prácticas deben incluir entradas, información, retroalimentación e ideas de todos los colaboradores y estas prácticas deben ser evaluadas y modificadas en un tiempo establecido por la gerencia y posterior a la implementación asegurar la actualización en la documentación.

En el escenario competitivo de negocios actuales los estándares deben de ser basados en toda una industria tomando en cuenta el Benchmark internacional.

Para los procesos de oficina el trabajo estándar puede incluir la secuencia correcta de actividades para realizar un trabajo y el tiempo requerido para desarrollar dicha actividad, otra aplicación de la estandarización es un mapa de competencias que despliega las competencias requeridas a un cierto nivel o rol comparado con las funciones y departamentos e incluso la geografía de ciertos puestos o actividades, esto ayuda para prevenir errores del Staff incluyendo el reclutamiento y el desarrollo de sus habilidades.

4.7.- JUSTO A TIEMPO.

El justo-a-tiempo o JIT es una estrategia implementada para eliminar la fuente del desperdicio de manufactura, debido a que al reducir el trabajo en proceso (WIP) el inventario y sus costos asociados las organizaciones incrementan su productividad y competitividad.

El justo a tiempo permite que los procesos internos de una organización se adapten a los cambios generados por la demanda de producción entregando el producto correcto, en el tiempo correcto y en la cantidad correcta. El justo a tiempo involucra tener exclusivamente la cantidad correcta de materiales, la cantidad correcta de inventario en proceso o de productos finales, producidos para una operación esbelta pero nunca tener de más.

Cuando existen niveles de inventario o de reorden, el reorden de procesos o materiales se dispara al alcanzar ciertos niveles y con esto se garantiza que la producción o transformación de los productos o servicios nunca se detendrá ya que siempre se tendrá el material disponible justo a tiempo.

Justo a tiempo en un ambiente de no manufactura o de oficinas permite mejorar el flujo y el recurso de materiales almacenados, que usualmente en un ambiente de no manufactura son datos e información.

En un proceso que está dirigido por datos donde estos están requeridos para tomar decisiones no tiene sentido entregar esta información al usuario antes de que él o ella realmente lo vaya a utilizar. La información debe llegar al usuario tan pronto como él o ella este listo para utilizarlo o mejor aún que la información este totalmente lista cuando él o ella lo necesite y lo "jale" de manera sumamente rápida, sabiendo que la información va a estar totalmente actualizada.

Otro ejemplo de un ambiente de trabajo basado en el conocimiento es la combinación de las membresías o sindicalizaciones a sitios de internet o revistas electrónicas que te dan el acceso ala información cuando tú lo necesitas, esta alternativa de justo a tiempo de suscribirte y recibir toda la información es algo adoptado comúnmente que está creciendo de manera impresionante.

El justo a tiempo no es una herramienta única, más bien es una forma de pensar que puede ser aplicada a diferentes situaciones, si se implementa bien el justo a tiempo puede llevarte a mejoras dramáticas en la eficiencia de la organización, en su calidad y en el retorno de la inversión; el justo a tiempo ahorra tiempo, espacio y dinero pero lo más importante es que te asegura que tus recursos materiales o humanos son utilizados como una ventaja competitiva total.

Para aplicar el Justo-a-Tiempo de manera impecable debes de lograr el menor tiempo de respuesta entre un proceso y otro.

4.8.- TAKT TIME.

Takt es la palabra alemana que se refiere a un compás musical.

En el ambiente de trabajo, el Takt time es el tiempo disponible entre el terminado de un producto y otro en orden de conseguir completar las necesidades de la demanda del cliente, el ritmo y alineación del flujo de producción es establecido usando el takt time; el flujo del producto se espera que caiga en esta forma de Takt time para poder ser controlado y administrado, aquí se muestra como el Takt time es calculado, Takt time es igual al tiempo disponible por día entre la demanda por día del cliente.

Por ejemplo, si la demanda del cliente es de 16 órdenes de producción por día y el tiempo disponible por día es de 8 horas, esto equivale a 480 minutos, entonces el Takt time es calculado como 480/16 = 30 minutos.

Esto significa que una órden de compras debe ser procesada a través del sistema de producción en promedio cada 30 minutos, así de fácil.

4.9.- CARGA DE TRABAJO NIVELADA.

La carga de trabajo nivelada o producción nivelada en japonés es heijunka y se refiere al proceso de producción resultante de un ciclo uniforme sin ninguna parada por problemas y el cual cumple con la demanda de producción del cliente.

Esto significa que este ciclo de producción coordina un flujo individual de células de una manera uniforme para cumplir con la demanda del cliente el trabajo, por lo tanto, fluye de una manera suave y continua durante todo el proceso de manufactura; Takt time es la figura central de los sistemas de producción Lean y es usado para lograr el nivel de producción o la nivelación de producción.

La carga de trabajo nivelada resulta en un comportamiento de demanda estable y asegura que sea predecible y suave la programación de la producción, eliminando con ello los cuellos de botella.

En la oficina la carga de trabajo nivelada es usualmente aplicada para la programación del trabajo también y en la Producción la carga de trabajo es algo que necesariamente debe de realizarse de manera constante para obtener también el máximo aprovechamiento de los activos.

Basados en las fechas fatales (deadlines) para proyectos grandes los tiempos objetivos pueden ser establecidos para cada etapa como: investigación, reuniones, presentaciones, propuestas iniciales, estudios pilotos y demás. La carga de trabajo nivelada puede ser manifestada como una delegación del trabajo entre los miembros del equipo.

Otra forma de aplicar la carga de trabajo nivelada es al demarcar cierto tiempo de las actividades de baja prioridad para asegurar que el trabajo crítico y los objetivos no sean afectados negativamente.

Aquí tienes un ejemplo simple, una farmacia que envía por correspondencia tiene un proceso de registro de entrada que tiene un cierto número de pasos. El proceso inicia con estos dos pasos: capturar la orden y verificar que exista el producto. El volumen de la orden es suficiente para requerir a dos colaboradores para mantener la demanda del cliente. En este caso la demanda del cliente o Takt time es de una orden por minuto. El tiempo promedio para meter una orden al sistema toma cuarenta y cinco segundos. El tiempo promedio para verificar que exista es de un minuto y quince segundos. Por lo tanto la carga de trabajo está desbalanceada porque el tiempo para procesar un requerimiento no es igual entre la captura y la verificación.

El reto aquí es encontrar una forma de balancear la carga de trabajo para que cada paso tome un minuto, lo cual sería igual al tiempo de la demanda del cliente o el Takt time del cliente.

4.10.- SISTEMAS DE JALAR.

Los sistemas de jalar (pull) son una de las características críticas de la manufactura esbelta o de Lean para la oficina.

Un sistema de jalar asegura que la producción y los requerimientos de materiales sean basados en la demanda para el cliente en lugar de adivinar los pedidos que hará el cliente.

En los sistemas de producción basados en justo a tiempo, la demanda del cliente es el inicio de las órdenes de producción: el cliente envía la primera señal a la producción y esto resulta en que toda la cadena productiva empiece a jalar el proceso de ensamble, cada ensamble va jalando de los sub ensambles lo necesario para lograr su ensamble.

El proceso completo es coordinado usando el sistema de jalar lo cual envía una señal de lo que exactamente se debe producir para poder satisfacer a esa parte del proceso, una señal de jalar puede ser una tarjeta, ayuda visual o una señal generada por software que dispara el abastecimiento, el movimiento o la producción de partes y componentes.

El objetivo final de un sistema de jalar es el controlar el flujo de materiales a través de

REEMPLAZAR solamente aquellas cosas o ítems que van a ser consumidas en el proceso de producción.

El sistema de jalar elimina desperdicio a través de basar sus nuevas órdenes solamente en la demanda actual del cliente en lugar de adivinar o pronosticar la demanda del cliente.

La clave del sistema de jalar en un ambiente operativo y administrativo reside o está en tener el menor tiempo de respuesta en cada una de las actividades y en producir con calidad a la primera siempre.

Los sistemas de jalar en los procesos operativos son bastante claros, pues el cliente "jala" una pieza o lote que necesita y los procesos consecuentes también empiezan a jalar las piezas o los productos que requieren. De esta manera sólo están produciendo lo que el cliente necesita y cuando él lo necesita.

Aquí te podemos mostrar como es posible utilizar el método de sistemas de jalar en un ambiente de oficina, supón que estás en el departamento de recursos humanos, sería ilógico pensar que el departamento basado en el pronóstico de salidas de personas, comienza a contratar gente, porque esto puede llevarlo a contratar personal que no es necesario por alguna variación en el sistema, sin embargo cuando el departamento de recursos humanos es muy eficiente para contratar al personal cuando se abre alguna vacante de un determinado puesto independientemente de cual sea se dispara una solicitud al departamento de recursos humanos para reclutar a una persona, de inmediato el departamento de recursos humanos tiene la información suficiente para poder contratar ala persona y llamarle en ese momento o llamarle a todos los candidatos que tenga gracias a que previamente creo un sistema en donde tiene todo un inventario de personas de las cuales puede disponer cuando sea necesario.

4.11.- CÉLULAS DE TRABAJO.

Una célula de trabajo es un grupo o equipo de personas que desarrollan un trabajo similar o son responsables por salidas o productos similares

Cuando se aplica este concepto al Lean para la operación o para la oficina, los conceptos de células de trabajo logran una distribución eficiente del trabajo y de la carga de trabajo esto se refiere no sólo a la colocación correcta del equipo de la fábrica o de oficina, sino también a la distribución correcta de la estructura organizacional.

En una distribución funcional típica, la gente está agrupada junta, basada en sus divisiones o departamentos, en contraste, una célula de trabajo usualmente es una entidad multifuncional, que incluye gente responsable por el flujo de un proceso en particular o de una cadena de valor o mejor dicho de la transformación de un producto o servicio.

El enfoque a través de células de trabajo ofrece los siguientes beneficios en el espacio de trabajo:

- Remueve un número de desperdicios relacionados con las personas.

- Promueve la cooperación.

- Da a los colaboradores una percepción holística o sistemática de su trabajo.

- En general promueve el compromiso a las metas organizacionales y a la estrategia.

Un cliente, un grupo de ingenieros e ilustradores que desarrollan una publicación técnica fue originalmente localizada en dos partes diferentes del mismo edificio con los ingenieros en un piso y los ilustradores en otro, después de conducir un taller Kaizen en sus procesos, el cliente eligió reubicar a los ingenieros e ilustradores sentados una al lado del otro.

Su eficiencia y la satisfacción de su trabajo se incremento de manera increíble.

Toyota Production System en 9 pasos

1.- Crea estabilidad en el proceso
2.- Crea un flujo de proceso conectado
3.- Establece procesos y procedimientos estandarizados
4.- Genera una nivelación de la demanda
5.- Crea una cultura que se detenga a eliminar los problemas
6.- Haz que la tecnología encaje

7.- DESARROLLA LÍDERES QUE VIVAN TU SISTEMA
8.- DESARROLLA ASOCIADOS EXCEPCIONALES
9.- DESARROLLA PROVEEDORES Y SOCIOS

CAPÍTULO V

¡ESTOY INDECISO!, ¿SERÁ BUENA IDEA MEJORAR MIS PROCESOS Y TENER MUCHO MEJORES RESULTADOS?

"Si algún problema ocurre dentro del flujo de manufactura de una sola pieza toda la línea se detiene. En este sentido es un muy mal sistema de manufactura.

Pero cuando la producción para, todos vamos a resolver el problema de manera inmediata.

Así que los miembros del equipo deben pensar, y un equipo con

MIEMBROS PENSANTES SE DESARROLLAN Y SE VUELVEN MEJORES MIEMBROS DE EQUIPO Y PERSONAS"

Teruyuki Minoura
Ex presidente Toyota Motor Manufacturing

5.- LAS PREGUNTAS A SER REALIZADAS SOBRE EL PROCESO ANTES DE HACER UN TURBO KAIZEN®

Un evento Kaizen es una capacitación con implementación que se realiza dentro de las organizaciones y donde se involucra a personal del proceso a mejorar, normalmente los talleres Kaizen duran de 3 a 4 días y son un eventos diseñado para Mejorar con las herramientas vistas en este libro cualquier proceso.

Por otro lado un evento TurboKaizen® es una marca registrada de Ignius Innovation® el cual logra resultados sorprendentes que al menos duplican los resultados normales obtenidos en los eventos Kaizen normales gracias a su tecnología propia desarrollada con la experiencia y refinamiento de cientos de talleres llevados a cabo.

A continuación te comentamos algunas de las preguntas importantes que deberán ser realizadas y contestadas a profundidad antes de realizar un evento TurboKaizen® para la fábrica o para la oficina.

El contestar adecuadamente estas preguntas tiene el objetivo de facilitarle el trabajo a cualquier persona que desee implementar exitosamente este tipo de talleres, además de que te permite entender los alcances del proceso y con esto lograr una mayor probabilidad de éxito del taller a realizar e incrementar la confianza de los asistentes para que ellos mismo puedan comprobar la eficiencia de los talleres TurboKaizen® .

Estas preguntas deben ser respondidas por la persona que tenga los datos y la respuesta correcta, es increíble cuantos errores se comenten porque existen personas que en su "buena voluntad de ayudar" responden, ¡pero no tienen la idea o dato claro de la respuesta!, así vas directo al fracaso. Tú debes encontrar la persona que tenga la respuesta adecuada o los mayores datos al respecto.

Te mencionamos las preguntas que consideramos convenientes:

1. ¿Quien está promoviendo la mejora y este evento?

2. ¿Cuáles son las razones fundamentales que están asociadas a la promoción o realización de este evento de mejora?

3. ¿Porqué es necesario cambiar?

4. ¿Es este un proyecto o parte de uno para la implementación de un plan de desarrollo de Lean o simplemente es un evento aislado?

5. ¿Qué les hace pensar que este es el proceso más urgente que se tiene que mejorar?

6. ¿Cuál es la restricción o cuello de botella de este proceso?

7. ¿Qué intereses de las personas y de los puestos está satisfaciendo los resultados de este taller?

8. ¿Cuánto esta costando o cuanto están gastando por tener este mal proceso?

9. ¿Cuáles son los criterios para evaluar si el proyecto Kaizen será un éxito o no?

10. ¿Quién es el responsable del proceso?

11. ¿Se encuentra el patrocinador involucrado o es una persona que no se involucra con el proceso?

12. ¿Quiénes son los actores principales que hacen posible la transformación de este proceso?

13. ¿Es frecuente que se hagan cambios en el proceso o el proceso a estar así durante muchos años?

14. ¿Se encuentran plenamente documentados los procesos?

15. ¿Los procesos documentados muestran lo que realmente sucede en la realidad actual?

16. ¿Cuál es el nivel de la moral o motivación de los colaboradores?

17. ¿Los colaboradores están convencidos de que hay una razón necesaria para cambiar?

18. ¿Las áreas de trabajo se encuentran bien organizadas?

19. ¿Cuáles son las métricas o los indicadores de éxito del proceso?

20. ¿Cómo es que son utilizadas esas métricas?

21. ¿Las métricas del proceso están plenamente a la vista de todos los colaboradores que intervienen en el proceso y se actualizan automáticamente?

22. ¿Qué tan frecuentemente las métricas utilizadas son registradas?

23. ¿Las métricas muestran a los colaboradores cómo están haciendo las cosas momento a momento?

24. ¿Las métricas del proceso constantemente se toman en cuenta para mejorar las mismas métricas del proceso constantemente?

25. ¿Que tanto el mejorar las métricas de el proceso beneficia directamente al cliente interno?

26. ¿Que tanto el mejorar las métricas de el proceso beneficia directamente A los proveedores internos?

27. ¿Que tanto el mejorar las métricas de el proceso beneficia directamente al negocio?

28. ¿Cuál es la actitud hacia los clientes, los colaboradores están enfocados al cliente o ellos no están conscientes de la importancia que tiene el cliente tanto externo como interno?

29. ¿Cuál es la actitud que los colaboradores tienen hacia el cambio?

30. ¿Cuáles son las metas y estrategias organizacionales y este proyecto o evento se encuentra alineadas a ellas?

31. ¿El proceso es reproducible?

32. ¿Como se encuentra los indicadores de este proceso en relación al pinche Marte y a la media de sus competidores?

33. ¿Quién exactamente está involucrado en el proceso?

34. ¿Quiénes son los que realizan las actividades que transforman en el proceso?

35. ¿Quiénes son los proveedores del proceso?

36. ¿Quién es el cliente interno del proceso?

37. ¿Han hecho algún esfuerzo similar en el pasado?

38. ¿Qué les gustaría que pasara?

39. ¿Qué de lo que tienen hoy en sus procesos les gustaría alterar?

40. ¿Qué no les gustaría que pasará como resultado de la intervención de nuestra empresa?

El responder estas preguntas previas a un evento TurboKaizen® ayuda enormemente a anticipar actividades o acciones a fin de establecer soluciones o cambios que garanticen que el evento TurboKaizen® sea todo un éxito.

CAPÍTULO VI

LA MEJOR MANERA DE OBTENER MEJORES RESULTADOS ¡RÁPIDO, BIEN Y SIN ERRORES!

6.1.- INICIO DE KAIZEN PARA LA OPERACIÓN Y PARA LA OFICINA

A continuación te damos algunas ideas sobre los datos iniciales que deberás tener absolutamente claros antes de iniciar cualquier evento de mejora o Taller TurboKaizen® , que además del cuestionario que te mostramos anteriormente te ayudarán a tener un panorama global acerca del taller que se va a realizar.

En todo evento TurboKaizen® se debe tener en cuenta la información o respuesta a los siguientes elementos, es por eso que a continuación te compartimos un ejemplo y te sea más fácil conseguir los datos y asegurar los elementos del taller Kaizen que realizarás:

- Objetivo:

- o Crear un flujo continuo de producción en el departamento de programación de la producción.

- Patrocinador:

    - o Juan Domínguez.

- Antecedentes:

    - o La existencia del proceso de programación de la producción involucra a tres diferentes departamentos: ingeniería, ventas y producción.

    - o Los resultados de la satisfacción del cliente, han bajado desde la reubicación de la planta nueve meses atrás.

    - o Los nuevos productos han sido introducidos, uno de ellos ha tenido problemas de calidad.

    - o No hemos recibido soporte de información por parte del departamento de nuevos productos.

- o Actualmente toma tres semanas recolectar y reportar las métricas de desempeño.

- o La gerencia quiere información más actual para tomar mejores decisiones.

- Metas a alcanzar con el taller :

  - o Reducir el tiempo del ciclo para poder capturar las órdenes de producción en cinco minutos en lugar de los nueve minutos que toma.

  - o Balancear la carga de trabajo

- Alcances.

  - o Se incluye:

    - Captura de las órdenes

    - Crédito y cobranza

    - Compras

    - Ventas

  - o Se excluye :

    - Ingeniería

    - Manufactura

- Tiempos:

  o Preparación del 10 de agosto al 25 de septiembre.

  o Taller Kaizen para la oficina:

  o Del 27 de septiembre al 29 de septiembre.

- Reporteo:

  o el 29 de octubre,

  o el 27 de noviembre y

  o el 5 de enero.

- Miembros del equipo:

  o Líder del equipo es:

    ▪ Ramona Pérez

  o Miembros del equipo:

    ▪ Benjamín Orozco,

    ▪ José Clemente Franklin,

    ▪ Gerardo Olivares,

    ▪ Irma Serrano,

    ▪ Galilea Monteverde,

    ▪ Armando López,

- Enrique Peña,

- Wilson Crespo

- y Jimena Barrientos.

6.2.- FORTALEZAS DE UN EVENTO TURBOKAIZEN® .

Los talleres TurboKaizen® como lo mencionamos al inicio de este libro son la manera más eficiente de realizar la mejora continua de tu área de producción o de la oficina, no existe una forma más eficiente, participativa y segura que los talleres TurboKaizen® para mejorar ampliamente tu organización, además de esto te podemos comentar después de haber realizado una cantidad innumerable de estos talleres que:

- Es una experiencia apasionante para todo involucrado.

- Cosas asombrosas pueden ser logradas con el enfoque apropiado y el apalancamiento de recursos.

- La gente aprende como hacer las cosas.

- Los recursos por lo general se hacen disponibles, incluyendo la autoridad de dirección, recursos multifuncionales, y algún dinero.

- Los escépticos pueden ser persuadidos.

- Los talleres TurboKaizen® son una gran herramienta para la implementación en todas las etapas de la cadena de valor.

Con talleres TurboKaizen® hemos podido crear soluciones que han logrado ser patentadas tanto en las áreas de electrónica, mecánica y de desarrollo de tecnología, así que no son "simples eventitos de mejora" sino que son la mejor manera de mejorar y lograr que el cambio se mantenga en el tiempo dando grandes resultados.

CAPÍTULO VII

CÓMO SABER CUALES SOLUCIONES VAN PRIMERO

7.- PRIORIZACIÓN EXITOSA DE LAS SOLUCIONES.

Una vez que se realiza un Taller TurboKaizen® y antes de la implementación, es frecuente que los asistentes compartan muchas ideas, soluciones u opciones para mejorar los procesos, sin embargo, no te alcanzará el tiempo, el dinero o cualquier recurso para implementarlo todo, además, puede haber propuestas de soluciones muy complejas o que requieren una alta inversión, es por esto que a continuación te compartimos algunos datos importantes para poder priorizar todas estas soluciones.

Un esquema de priorización simple puede ser de gran ayuda para los equipos para poder realizar o implementar las soluciones. El proceso consiste en localizar todas las posibles soluciones teniendo en cuenta los siguientes cuatro cuadrantes en la matriz de priorización:

- Alto impacto/ Baja dificultad

  o Son soluciones excelentes, las podrás implementar de inmediato y obtener resultados rápidos sin necesidad de gastar de mas, normalmente una alta dificultad acarrea altos gastos por una alta utilización de recursos.

- Bajo impacto/Baja dificultad

  o También son buenas soluciones porque a pesar que tienen poco impacto te demandarán pocos recursos, y obtendrás impacto positivo de cualquier manera.

- Alto impacto/Alta dificultad

  o Son soluciones que se deben pensar dos veces, pues al tener una alta dificultad seguro te demandarán muchos recursos (tiempo, dinero, esfuerzo, etc) por lo que el beneficio posiblemente no llegue rápido, pero tú decides si vale la pena, pues el impacto puede ser tan alto que valga la pena invertir en esa dificultad.

- Bajo impacto/Alta dificultad

   o Olvídate, normalmente esas soluciones son un gran problema, mejor no las hagas porque te vas a meter en mucha complejidad y no vas a tener un impacto grande, así que piénsalo 10 veces antes de llevarlas a cabo.

En resumen: el equipo se enfoca en la primer categoría (alto impacto/baja dificultad), porque estas son las actividades, proyectos o soluciones más fáciles de hacer. Generalmente el equipo va a eliminar o a pasar por alto las cosas que caigan en el cuadrante de bajo impacto y alta dificultad ya que esta categoría nos muestra actividades las cuales no valen el esfuerzo o no vale la pena hacerlas o son difíciles de hacer y su impacto es muy pobre o muchas veces ninguno, por lo tanto ellos deben seleccionar una combinación de actividades que caigan en las siguientes dos categorías: tanto alto impacto/alta dificultad y bajo impacto/baja dificultad, aquí los equipos deberán seleccionar cuáles de estas actividades son las adecuadas para incorporarlas en el plan de acción.

Este esquema de priorización te ayudará increíblemente en varias áreas de tu vida, nosotros lo hemos visto una y otra vez como ayuda a las personas a tomar excelentes decisiones en:

- Los retos del día a día

- Su vida personal

El esquema en el que te puedes basar es el siguiente.

Alto Impacto / Baja Dificultad	Alto Impacto / Alta Dificultad
Bajo Impacto / Baja Dificultad	Bajo Impacto / Alta dificultad

CAPÍTULO VIII

MEJORES PRÁCTICAS PARA IMPLEMENTAR LEAN COMO NINGÚN OTRO LO HARÍA

"NOSOTROS OBTENEMOS RESULTADOS BRILLANTES DE PERSONAS COMUNES ADMINISTRANDO PROCESOS BRILLANTES

NOSOTROS HEMOS OBSERVADO QUE NUESTROS COMPETIDORES REGULARMENTE TIENEN RESULTADOS PROMEDIO O MEDIOCRES DE PERSONAS BRILLANTES ADMINISTRANDO PROCESOS DEFICIENTES"

8.- MEJORES PRÁCTICAS EN LA IMPLEMENTACIÓN DE LEAN EN LAS FÁBRICAS Y OFICINAS.

- INVITAR AL PERSONAL QUE TRANSFORMA EL PROCESO: Cuando hablamos de Lean Office o Lean Manufacturing o cualquier otra aplicación de Lean algo muy importante que se debe considerar es invitar a las personas que están directamente relacionadas con el proceso que se desea mejorar.

- INVITAR A PROVEEDORES Y CLIENTES: Es muy importante para evitar la ceguera de taller invitar también a los proveedores y clientes internos para que juntos puedan mejorar el proceso de que se este trabajando y la mejora se vea enriquecida con las diferentes opiniones y perspectivas de los involucrados.

- UNA DIRECCIÓN COMPROMETIDA A APOYAR EL PROCESO: Algo muy importante también, es que durante un proceso de implementación Lean Office o Lean Service o Lean Manufacturig es muy importante que dirección este involucrado ya que muchas de las mejoras pueden involucrar un presupuesto que muchas veces las personas que asisten a los talleres no tienen el facultamiento o la autorización para comprar ciertas cosas, es por esto que es muy importante asegurar desde el inicio de este esfuerzo que es probable que se requiera de un presupuesto extra para comprar algunas herramientas o cambiar la distribución de las oficinas.

- NOMBRAR A UN RESPONSABLE GENERAL QUE RESPONDA POR LA EXCELENTE IMPLEMENTACIÓN: Otro punto muy importante hablando de la implementación de un taller o de varios talleres Kaizen en la organización, es nombrar a un responsable general o facilitador, quien responda a los resultados que se esperan obtener..

- **INVITAR A MIEMBROS DEL STAFF QUE CUESTIONAN MUCHO:** Hablando de invitados es muy importante también invitar dentro de los talleres a las personas que llevan mucho tiempo dentro del proceso, ya que muchas veces son personas que obstaculizan los cambios. Entonces si ustedes se aseguran que asistan a los talleres estas personas serán actores importantes en la implementación y también contagiarán a sus demás compañeros para que las cosas sucedan, si se excluye a estas personas de los talleres muchas veces son los principales saboteadores de que las mejoras no sucedan.

- **PREMIACIÓN Y RECONOCIMIENTO OFICIAL POR PARTE DE DIRECCIÓN A LOS PARTICIPANTES:** Otra muy buena práctica durante un taller de este tipo, es sugerir y asegurar que dirección puede estar en el cierre de cada taller para que los colaboradores de esta oficina o de esta empresa sientan un mayor compromiso al comentar las acciones que se implementarán posterior al taller. Esto es muy padre porque los directivos o dueños de las oficinas empresas o instituciones se sienten muy inspirados al ver como su gente crece y también ellos son autores principales para que las mejoras se sigan implementando en las diferentes áreas de la oficina

8.1.- MEJORES PRÁCTICAS ANTES DE UN TALLER TurboKaizen® .

Una vez que te haz decidido a llevar a cabo un Programa de Mejora de Lean Services o Lean Office o Lean Manufacturing, es muy importante tener una reunión previa con la dirección y los responsables de los diferentes departamentos, para compartir quien será el Líder de este proyecto, sus responsabilidades y las del resto de la organización, es muy importante posterior a haber clarificado las responsabilidades, poder revisar las fechas calendarizarlas para que quede asegurado todo el programa de mejora. Dentro de esta sesión, finalmente la persona responsable debe definir los alcances y los objetivos de cada uno de los talleres que se llevarán a cabo en los próximos meses para esto recomendamos lo siguiente:

1. DEFINIR UN NÚMERO DE PARTICIPANTES ADECUADO Y

EQUILIBRADO: Clarificar el número de personas que se involucrarán en el taller, para esto es muy importante involucrar asistentes que sean del proceso que se va ha mejorar y el resto del equipo debe de estar conformado por proveedores y clientes internos y también si se puede de procesos-soporte.

2. PREPARAR AL PERSONAL Y ASEGURAR QUE LA OPERACIÓN NO SE DETENGA: Es muy importante que todos los asistentes sean avisados del proceso que van a vivir de 3 días de mejora por el responsable o líder general, esta persona debe comentarles los horarios, los alcances que se esperan y el proceso que se va a mejorar.

3. HACER UN EVENTO MAGESTUOSO, QUE MUESTRE LA ALTA IMPORTANCIA Y COMPROMISO QUE LA EMPRESA LE ESTÁ DANDO A ESTAS INICIATIVAS: Dentro de esta sesión también nosotros como Ignius sugerimos que la empresa pueda ofrecer un Break al inicio por la mañana, la comida y algún Break por la tarde ya que son procesos muy intensos y las personas también necesitan sentirse cuidadas por su empresa y consentidas entonces nosotros siempre recomendamos

que sean comidas ligeras, ricas, saludables para que las personas puedan estar 100% enfocadas en el proceso.

4. DEFINIR UN ALCANCE ADECUADO PARA QUE SE OBTENGA UN RESULTADO MUY POSITIVO: Dentro de esta sesión es muy importante definir el alcance del proceso, recuerda que no puedes trabajar un proceso demasiado extenso en el alcance pues si lo haces de esta manera las personas se pueden perder y la mejora no se dará, por lo que sugerimos definir el alcance con un objetivo alcanzable que permita poder terminar al tercer día la implementación y algunas mejoras.

5. PREPARACIÓN, PREPARACIÓN Y MAS PREPARACIÓN: Ya que tienes estos elementos base contemplados es importante preparar previo al primer taller tu presentación u orden del día para que tengas el enfoque y puedas llevar a cabo esta gran experiencia de crecimiento y mejora para tu organización. Prepara las presentaciones, el lugar en donde se llevará acabo el entrenamiento, prepara a los equipos de personas que estarán ayudando en la mejora, ¡prepara todo para que salga

bien y asegúrate de tener todo cubierto antes de iniciar!.

8.2.- DURANTE EL TALLER DE MEJORA

Una vez que vayas a realizar el primer taller es muy importante para el buen desenvolvimiento con el equipo durante este tipo de eventos TurboKaizen® :

- REALIZA UNA BIENVENIDA QUE MOTIVE: Que antes del inicio del taller te pongas de acuerdo con tu Dirección General para que ellos den la bienvenida a su gente y esta bienvenida la hagan de una manera que motiven a las personas que están ahí y que se sientan honrados y responsables de que fueron elegidos a diferencia de sus compañeros para vivir este proceso de mejora y una vez que esta persona da estas palabras de bienvenida hace el pase de estafeta al facilitador del taller. Esto es muy importante de que no empieces tú, sino que, ellos sean los que te presenten como Líder o facilitador, para que entonces puedas iniciar con toda seguridad y confianza de que todos entendieron sus roles para el éxito de este esfuerzo.

- CLARIFICA EL OBJETIVO A LOGRAR DURANTE ESE TIEMPO: Es muy importante que al inicio clarifiques cual es el objetivo, que comentes como facilitador que es lo que te gusta de estas herramientas, cómo han ayudado a otras personas y que esto lo hagas con una alta energía, con pasión para que desde el inicio des esa seguridad y certeza a las personas que van a estar compartiendo estos tres días contigo.

- CREA UN AMBIENTE EN DONDE SE RESPIRE CONFIANZA: Es muy importante que las personas puedan presentarse ellas mismas diciendo su nombre y respondiendo a la pregunta ¿Porqué crees que sea importante que tú estés aquí?. El hacer esta pregunta hace que las personas empiecen a manifestar si fuera el caso ansiedad o simplemente comenten que es lo que tienen en el tope de su mente, esto te dará alguna información de la expectativa que estas personas traen para que tú dentro del taller puedas ir mejorándolo.

- MOTIVA A QUE LOS PARTICIPANTES GENEREN LAS MEJORAS BASADOS EN

LA METODOLOGIA Y CONFIRMADO LA MEJORA EN BASE A LOS RESULTADOS NUMÉRICOS ESPERADOS: Durante el entrenamiento no seas tú quien proponga las mejoras, más bien tienes que desarrollar la habilidad de que conforme vas avanzando con las herramientas hagas que las personas vean las mejoras más importantes, si tú fueras el que está dando las ideas de mejora estas ideas tiene un alto porcentaje de que no sucedan porque no están saliendo de las personas. Con el método que Ignius ha utilizado por años siempre nos aseguramos de que las mejoras emerjan o salgan del equipo de personas.

- OBSERVA CONSTANTEMENTE AL EQUIPO PARA RESOLVER CUALQUIER SITUACIÓN QUE ESTE FRENANDO O DESACELERANDO EL DESEMPEÑO DEL EQUIPO EN GENERAL: Durante el entrenamiento es importante estar observando como se desenvuelve el equipo y si alcanzas a identificar alianzas entre las personas es importante que cuando hagas los dos equipos para la mejora separes a estas personas para que esa alianza se rompa y entonces las mejoras puedan fluir de una manera más fácil y sencilla.

- DOCUMENTA CLARAMENTE PARA QUE TODOS SIEMPRE ESTEN VIENDO LO MISMO: Al momento de invitar a los asistentes que compartan sus ideas de mejoras te recomendamos usar rotafolios para anotar, para que una vez que terminen puedan priorizar y definir cuales son las acciones más importantes a implementar.

8.3.- POSTERIOR AL TALLER DE MEJORA

Una vez que termine el taller es tu responsabilidad como facilitador comentarles a las personas los siguientes pasos que deberán suceder posterior al taller:

- ESTABECE CON ANTERIORIDAD LAS FECHAS DE SEGUIMIENTO: Comentarles que después del taller se dará un seguimiento programado para que las acciones implementadas se mantengan

- ESTABLECE RESPONSABLES: Definir el nombre y responsable para las acciones que hayan quedado sin implementar, con el objetivo de que posterior al taller puedan suceder.

- CLARIFICA LOS SEGUIMIENTOS CERCANOS PARA QUE LAS PERSONAS SEPAN QUE ESTARÁN SIENDO MONITOREADAS: También definir que 22 días posterior al evento tú vas a tener una reunión con el responsable del proceso para dar seguimiento a las acciones.

- LOGRA UNA CULTURA QUE CLARIFIQUE SUS DUDAS DE INMEDIATO: Cualquier duda que pudiera surgir dentro del proceso de implementación o de las acciones que quedaron pendientes de implementar, será muy importante que te la hagan llegar sus dudas o comentarios.

8.4.- LO MEJOR DE LEAN Y TPS COMO CLAVE DE LA IMPLEMENTACIÓN.

A continuación te compartiremos los mejores consejos que debes llevar a cabo al terminar un Taller de Mejora. Asegúrate de realizarlos a la perfección y de inmediato para que el proceso de mejora tenga mejores resultados de los esperados:

1. VUELVE A DELINEAR: Delinea al instante las nuevas áreas de trabajo que permiten el flujo de una-sola-pieza.

2. REORGANIZA: Organiza el área de trabajo (5S´s, Ayudas y Controles Visuales) tal y como debe quedar y estar siempre durante y posterior a la mejora.

3. DOCUMENTA: Crea o actualiza las Hojas de Operación Estándar que son las hojas que los operadores o miembros del Staff usan para saber como realizar su trabajo.

4. SISTEMA DE CALIDAD: Revisa y actualiza los Procedimientos del Sistema de Calidad en caso de que lo manejes.

5. CAMBIA LOS DOCUMENTOS: Actualiza o Rediseña Formatos y Documentos y hazlos saber al personal para que sepa utilizarlos.

6. MANTENTE ALERTA: Prevé actividades de Solución de Problemas para posibles problemas de calidad o problemas que no tenias considerado y puedas reaccionar

rápido para eliminar dichos problemas no contemplados.

7. SISTEMAS DE INFORMACION: Actualiza o Rediseña los posibles Sistemas de Información ligados al área mejorada para que "invites a la tecnología", actualmente los sistemas de información ayudan enormemente a tener procesos más controlados y personal más informado de manera automatizada.

8. ENTRENA Y CERTIFICA: Entrena al Personal en el Nuevo Sistema de Trabajo y certifícalo para que estés plenamente seguro que estarán haciendo las cosas correctamente siempre.

> **"EL INCREMENTO DE LA PRODUCTIVIDAD DE UN PAÍS ES EL ÚNICO CAMINO QUE CONDUCE A UN MAYOR NIVEL DE VIDA DE LA POBLACIÓN EN EL LARGO PLAZO"**
> **(KRUGMAN 1992.)**

CAPÍTULO IX

LA CLAVE DEL ÉXITO DE TOYOTA

> "SI CREES QUE PUEDES HACER ALGO ESTÁS EN LO CIERTO, SI CREES QUE NO PUEDES, TAMBIEN LO ESTÁS"
> (HENRY FORD.)

Por años hemos tenido la gran oportunidad de compartir con cientos de organizaciones, sectores e industrias miles de horas de entrenamiento e implementación en todos lo relacionado con Lean Manufacturing, Lean Office y Toyota Production System y después de más de 20 años de estar en contacto con todas estas herramientas te podemos decir que nos declaramos Fans, y esperamos y deseamos que cada vez más personas piensen, actúen y vivan está lógica de mejora continua, productividad y calidad.

Toyota tiene una frase que nos encanta y dice: **"Hemos visto que nuestros competidores tienen procesos mediocres administrados por personas brillantes y nosotros tenemos procesos brillantes administrados por personas comunes"**, esto es una gran verdad y no lo hubieran logrado sin tener una filosofía clara para entrenar a todos sus colaboradores en herramientas clave que lo hagan ser la compañía número uno del mundo entero con márgenes de utilidad increíbles.

La Filosofía de Toyota tiene que ver en gran parte a que viven y creen en la Calidad, a que continuamente están trabajando en ser competitivos en los costos y a que creen firmemente.

La Filosofía de Toyota aplica a cualquier industria y nuestra mejor intención es que cada vez más personas usen e implementen estas herramientas que hemos compartido durante este libro, sinceramente esperamos haber dejado una semilla en tu mente que germine y pueda impactar en tu puesto de trabajo, empresa, familia y sociedad.

CAPÍTULO X

COLORÍN, COLORADO, ESTO APENAS HA EMPEZADO...

Hemos llegado al final de este libro y, antes de despedirnos, queremos dejar muy claro que actualmente una alta cantidad de empresas y organizaciones no saben todo lo que están perdiendo en tiempo, en dinero, en utilidades, en pedidos, en eficiencia, por no tener conocimiento de que existen herramientas especiales que les ayudan a mejorar procesos. No te permitas cerrar este libro y dejar en el olvido todas las sugerencias y recomendaciones compartidas.

Sabemos que este libro te detonará muchas acciones y si aún te queda la duda de: ¿Por qué es importante mejorar los procesos administrativos y operativos? Nuestra respuesta es simple: ¡La mejora continua de tus procesos es indispensable para que puedas expandirte y crecer como organización!

Toda aquella persona que tenga un puesto directivo, gerencial o colaborador de cualquier empresa debe mejorar continuamente los procesos de su organización para asegurar la expansión.

Por lo tanto, si te interesa el crecimiento, la competitividad y la rentabilidad del negocio ¡Siempre debes estar mejorando tus procesos!, la mejora continua se debe convertir en el nuevo habito del negocio y todas las herramientas compartidas las deben conocer tanto tus altos directivos como cada uno de los miembros de tu Staff o de la empresa.

Nuestra invitación final es que nunca olvides la palabra **T-R-A-N-S-F-O-R-M-A-C-I-Ó-N** y que cada día de tu vida te esfuerces y comprometas en eliminar de tus procesos administrativos y productivos los desperdicios, para que así puedas aprovechar tu tiempo personal y profesional en actividades que transformen y te permita ser más competitivo, productivo y ¿por qué no?, a tener días más felices.

Te invitamos a ser parte de la diferencia y convertirte en un propulsor de estas herramientas que han estado por años a disposición de las personas y empresas y que actualmente por increíble que parezca aún existen miles de personas que no saben de su existencia.

¡Tú puedes ser parte de la diferencia, te invitamos a hacerla!

"LA CLAVE DEL SISTEMA TOYOTA Y LO QUE LO HA HECHO TAN EXITOSO NO SON LOS ELEMENTOS INDIVIDUALES, SINO TODOS LOS ELEMENTOS JUNTOS COMO UN SISTEMA. ¡DEBE DE SER PRACTICADO CADA DÍA DE MANERA CONSISTENTE, NO EN FORMA INTERMITENTE!"

CAPÍTULO XI

EL MEJOR GLOSARIO DE LEAN MANUFACTURING Y LEAN OFFICE PARA TENER LOS MAYORES RESULTADOS

3P

"Producción – Preparación – Proceso" es un método utilizado para diseñar el ambiente de manufactura esbelta. Es un modelo altamente disciplinado y estandarizado que permite el desarrollo de un proceso de producción con muy bajos niveles de desperdicio a un costo de capital muy bajo.

5S

- Seiri – Clasificación (remover lo que no se requiere y quedarse con lo necesario)

- Seiton- Organización (Colocar las cosas de una manera que puedan ser localizados cuando sea necesario)

- Seiso – Limpieza (mantener limpio todo- no basura o suciedad en el lugar de trabajo)

- Seiketsu – Estandarización (Unificar y estandarizar a través de normas)

- Shitsuke - Disciplina (Auto-disciplina y compromiso)

5Z

Este estándar define el procedimiento de "Acreditación 5Z" que es un esquema para promover, evaluar, mantener y mejorar control de procesos usando los principios de Genba Kanri.

"5Z" se refiere a las siguientes 5 acciones que terminan con "ZU" que en japonés significa "No":

-UKETORAZU (No aceptar defectos)

-TSUKURAZU (No fabricar defectos)

-BARATSUKASAZU (No crear variaciones)

-KURIKAESAZU (No cometer errores)

-NAGASAZU (No entregar defectos)

Andon

Es un sistema de luces para indicar el estatus de la producción en una o más estaciones de trabajo; tanto el número de luces como los colores pueden variar por cada estación dentro de una planta. Algunos colores tradicionales utilizados son:

- Verde: Normal, no problema.

- Amarillo: Situación que requiere atención.

- Rojo: Paro de la producción, requiere atención de inmediata.

Celdas

Es el layout de máquinas y estaciones de trabajo situadas por orden de procesamiento, típicamente en forma "U", para realizar diferentes operaciones y así permitir un flujo continuo. Los operadores de las celdas típicamente son multi-hábiles y pueden manejar múltiples procesos. El número de operarios puede variar cuando cambia la razón de demanda del cliente.

El layout tipo "U" es utilizado para permitir diferentes distribuciones de elementos de trabajo entre los operadores, y para permitir que las operaciones iniciales y finales sean ejecutadas por el mismo operario.

Chaku-chaku

Es un estilo de producción japonés que significa "cargar cargar" tiene como objetivo conducir flujo de una sola pieza en donde un operario procede de máquina a máquina, tomando parte de la máquina anterior y alimentándola (cargándola) a la siguiente máquina, posteriormente tomando la parte removida de esta máquina y cargándola en la siguiente máquina, etc. Cada máquina ejecuta una etapa diferente de la producción, tales como corte, taladrado, limpieza, inspección, etc.

Círculo de Calidad

Grupo de estudio de mejora de calidad compuesto de un número pequeño de colaboradores.

El equipo de círculo de calidad efectúa las actividades de mejora en forma voluntaria dentro de su área de trabajo como parte del programa educación mutua, auto desarrollo y mejora de calidad y productividad de su empresa.

Control Estadístico de Calidad

Uso de métodos estadísticos para identificar anormalidades en los elementos del proceso de manufactura y corregir las causas para asegurar que estén dentro de un nivel aceptado de calidad.

Despliegue de función de calidad (QFD)

Un procedimiento visual de toma de decisiones que desarrolla un entendimiento común de la voz de cliente y la traduce en especificaciones de ingeniería del producto. QFD integra las perspectivas de los miembros del equipo de diferentes disciplinas y asegura que sus esfuerzos estén enfocados hacia la solución de problemas claves en forma consistente.

Efectividad Global del Equipo (O.E.E.)

Una medida compuesta de la habilidad de una máquina o proceso para llevar a cabo una actividad de valor agregado.

OEE = % de tiempo disponible de máquina x % de eficiencia x % de producción perfecta.

Entrega secuencial (Milkrun)

Programación de la ruta de entrega de tal forma que permita la recolección y entrega de mercancías en múltiples ubicaciones en un solo viaje, opuesto a viajes individuales y separados para cada ubicación.

Estándares

La mejor forma para ejecutar un trabajo al establecer políticas, reglas, directrices y procedimientos para las operaciones claves, que sirven como una guía para permitir a los colaboradores realizar sus trabajos de la mejor forma para asegurar resultados óptimos.

EPEI (CPCI)

EPEI (Every Product Every Interval) o CPCI (Cada Producto Cada Intervalo) es una medida de producción del tamaño del lote.

Por ejemplo, si una máquina es capaz de hacer una preparación (setup) y producir la cantidad necesaria (tamaño de lote) para 3 días y luego vuelve a hacer otra preparación, entonces esta máquina está fabricando cada parte cada (CPC) 3 días.

Flujo de una sola pieza (Flujo continuo)

El estado ideal caracterizado por la habilidad de reponer una parte que ha sido "retirada" desde el proceso subsecuente. Flujo de una sola pieza es sinónimo de producción Justo a tiempo (JIT), que asegura que los clientes internos y externos reciban únicamente lo necesario, justo cuando se requiere, y en las cantidades exactas necesarias.

Flujo de valor

Una serie de tareas y actividades (valor agregadas y no valor agregadas) necesarias para transformar un producto o un grupo de productos desde la materia prima hasta el producto terminado para su entrega al cliente.

Gemba

En japonés significa "lugar de trabajo"- lugar donde se agrega valor. En manufactura se refiere a piso de trabajo.

Genba-Kanri

En japonés significa "administración del lugar de trabajo". Es un sistema donde se establecen, mantienen, controlan y mejoran los estándares necesarios para la administración diaria del trabajo. Se basa en técnicas y herramientas de ingeniería industrial. Es útil para la industria de manufactura en su compromiso para reducción de desperdicios y la mejora de los procesos.

Genchigenbutsu

Una práctica desarrollada por Toyota que significa:

Personalmente ir y observar para entender completamente la situación.

Ir a la fuente para observar y verificar los datos

Heijunka

Es la práctica de nivelar el tipo y cantidad de la producción sobre un periodo fijo de tiempo. Heijunka permite satisfacer la demanda de los clientes eficientemente mientras evita producción de lotes y asegura un mínimo de inventario, costo de capital, fuerza de trabajo y tiempo de entrega en toda la cadena de valor.

Hoshin Kanri

Una herramienta para la toma de decisiones para el equipo de ejecutivos de la empresa que enfoca recursos en las iniciativas críticas necesarias para lograr los objetivos del negocio. Usando una matriz visual, se seleccionan de 3 a 5 objetivos claves y se traducen en proyectos específicos y son desplegados a niveles inferiores para su implementación. Hoshin Kanri unifica y alinea los recursos y establece claramente las metas de los objetivos claves contra el avance en forma regular.

Inventario Supermercado

Un sistema de inventario controlado para almacenar inventario de producto terminado o del proceso y reponer los artículos retirados para satisfacer las necesidades de los clientes externos e internos. Un supermercado típicamente es utilizado cuando las circunstancias no permiten sostener un flujo continuo.

Jidoka

Es la transferencia de la inteligencia humana a máquinas automáticas para detectar la producción de partes defectuosas y parar de inmediato mientras se pide ayuda. Este concepto, también conocido como Autonomatización, fue desarrollado por Sakichi Toyoda en el siglo XX.

Justo A Tiempo (JIT)

Es uno de los dos pilares del TPS. Un sistema para producir y entregar los artículos correctos al momento correcto y en cantidades correctas. Este sistema asegura un flujo de una sola pieza al combinar conceptos como Takt, Flujo, jalar y trabajo estandarizado.

Kaikaku

También conocido como Kaizen de flujo o Kaizen de sistema.

Mejora radical de eliminar desperdicios.

Kaizen

Es una filosofía de mejora continua en pasos incrementales. Cada proceso debe ser evaluado y mejorado continuamente en términos de tiempo, recursos, calidad y otros aspectos relevantes.

Kanban

Un mecanismo de señalamiento (una tarjeta) utilizado para autorizar la producción o movimiento de un artículo dentro de un sistema de jalar.

Un proceso precedente utilizando Kanban comunica al proceso precedente precisamente lo que requiere en términos de especificación y cantidad en el momento requerido.

Línea PEPS (FIFO)

PEPS se refiere a que el material producido por un proceso sea utilizado en la misma secuencia por el proceso siguiente. PEPS es una forma de regular una fila entre 2 procesos conectados entre sí cuando un supermercado o un flujo continuo no es práctico. Una fila de PEPS se llena por el proceso precedente y se vacía por el proceso subsecuente. Cuando la fila de PEPS se llena, el proceso precedente debe de dejar de producir hasta que el proceso subsecuente haya utilizado algo de inventario. A veces es referido como CONWIP (inventario en proceso constante)

Mantenimiento Productivo Total (TPM)

TPM tiene como objetivo la maximización de la efectividad del equipo a través de formación de pequeños equipos y actividades autónomas al involucrar a todos en todos los departamentos y de todos los niveles.

TPM incluye actividades como sistema de mantenimiento, educación básica en orden y limpieza, habilidades de solución de problemas y actividades para lograr cero paros y lugar de trabajo libre de accidentes.

Mantenimiento autónomo es un elemento importante del TPM.

Manufactura esbelta

Una filosofía basada en el Sistema Producción Toyota (TPS) que tiene como objetivo minimizar el desperdicio y maximizar el flujo.

Muda, Mura y Muri

- Muda: Desperdicio

- Mura: Irregularidad o variabilidad

- Muri: Stress y dificultad

Poka Yoke

Una técnica japonesa que utiliza un mecanismo o procedimiento para prevenir los errores y equivocaciones humanas que causarían los defectos.

Un mecanismo de Poka Yoke típicamente ejecuta una (o varias) de las siguientes funciones: Parar, controlar y/o avisar.

Shojinka

Optimización continua del número de operarios en un centro de trabajo para cubrir el tipo y volumen de la demanda requerida. Shojinka requiere de:

- Operadores entrenados en múltiples disciplinas

- Una layout (tipo U o circular) que soporte el número variable de trabajadores

- La capacidad para variar los procesos de manufactura para ajustarse al perfil de la demanda.

Sistema de Manufactura Flexible (FMS)

Es un sistema de manufactura integrada capaz de producir una pequeña cantidad de alta variedad de artículos a un costo bajo.

Típicamente un sistema de manufactura flexible es asociado con un tiempo de preparación mínimo y un tiempo de respuesta rápido.

Sistema Empujar (Push)

En este sistema, el proceso previo produce tantos productos en forma lotes (batch) como puede sin ninguna comunicación de las necesidades actuales del siguiente proceso. Este sistema tiene como objetivo maximizar la tasa de utilización de las máquinas y de los operarios aún cuando no haya necesidad de producción.

Sistema Jalar (Pull)

Un sistema de planeación de manufactura basado en comunicación en tiempo real de las necesidades desde las operaciones finales (subsecuentes)- ensamble final o equivalente- opuesto a Sistema Empujar (Push) que programa todas las operaciones basado en el pronóstico.

S.M.E.D.

Una técnica desarrollada por Shigeo Shingo para cambiar datos en una máquina estampado, prensa, etc. En menos de diez minutos. En general es la habilidad para hacer cualquier preparación de máquinas o procesos al dividirla en la preparación interna y externa. Las variaciones son:

- Cambio de un solo dígito: Ejecutar la actividad de la preparación en menos de 10 minutos.

- OTED- Cambio de dato de un solo toque: Cambio de dato con un movimiento físico o un procedimiento extremadamente sencillo para la preparación.

- Tiempo de funcionamiento (UpTime)

- Es el porcentaje de tiempo que una máquina estará disponible para producir trabajo productivo.

- Su cálculo se basa en determinar la razón del tiempo productivo (tiempo disponible neto menos el tiempo de paros no planeados) sobre el tiempo disponible neto.

Tiempo de ciclo

El tiempo recorrido desde el inicio de un proceso u operación hasta su terminación. Si el tiempo de ciclo de cada operación en un proceso completo pueda reducirse a igualar al Takt, los productos pueden ser fabricados bajo el flujo de una sola pieza.

Tiempo de preparación (setup)

El tiempo y trabajo requerido para realizar el cambio o una preparación a una máquina de un artículo u operación u otro artículo u operación. El tiempo de preparación puede dividirse en 2 tipos:

- - Interno: la preparación (trabajo) que puede ser realizada cuando la máquina es detenida y no está produciendo.

- - Externa: la preparación (trabajo) que puede hacerse en paralelo cuando la máquina está produciendo y funcionando.

Trabajo estandarizado

Es una descripción precisa de cada actividad de trabajo al especificar los tres elementos principales: Takt time, secuencia de trabajo y el trabajo (inventario) en proceso estandarizado. El trabajo estandarizado se implementa para maximizar la eficiencia de mano de obra y la maquinaria mientras asegura las condiciones seguras de trabajo.

Tiempo Takt (TAKT TIME)

Tiempo Takt establece el ritmo (paso) de la producción de acuerdo al ritmo de la demanda del cliente y se convierte en el "latido de corazón" del sistema esbelto.

El Takt es utilizado para determinar la velocidad que un proceso necesita operar para alcanzar la demanda del cliente.

Se calcula dividiendo el tiempo de producción por la cantidad requerida por el cliente durante el mismo tiempo.

RECONOCIMIENTOS

Ciertamente tenemos más de 2 décadas de experiencia práctica aplicando estos métodos con miles de organizaciones y decenas de miles de personas internacionalmente, lo cual nos ha permitido tener una enorme cantidad de horas de experiencia vivencial aplicando estos conceptos en las más diversas actividades del ser humano ayudando a empresas multibillonarias como a emprendedores que tienen una fantástica idea.

Sin embargo esto no habría sido posible sin la ayuda de expertos en la materia, cientos de horas de preparación de primer nivel y altos profesionales e innovadores donde aprendimos tanto las enseñanzas básicas, así como aquellas claves magistrales que sólo un verdadero Maestro tiene gracias a su propia experiencia aplicada.

La lista de agradecimientos sería interminable, pero queremos agradecer profundamente aquellos textos que más se quedaron en nuestra mente y que ocupan un lugar especial en nuestra área de favoritos dentro de nuestra biblioteca, los cuales queremos compartir contigo, a todos ellos ¡muchas gracias!:

- The Toyota Wayby Jeffrey Liker (Hardcover - Dec 17, 2003)

- Lean Manufacturing That Works: Powerful Tools for Dramatically Reducing Waste and Maximizing Profits by Bill Carreira (Hardcover - Nov 19, 2004)

- Lean Thinking: Banish Waste and CreateW ealth in Your Corporation, Revised and Updatedby James P. Womack, Daniel T. Jones, James Womack, and Daniel Jones (Hardcover - Jun 10, 2003)

- The Lean Six Sigma Pocket Toolbook: A Quick Reference Guide to 70 Tools for Improving Quality and Speed by Michael L. George (Kindle Edition – Sep 22, 2004)

- The Machine That Changed the World: The Story of Lean Production-- Toyota's Secret Weapon in the Global Car Wars That Is Now Revolutionizing World Industry by James P. Womack (Hardcover – Mar 13, 2007)

- Learning to See: Value Stream Mapping to Add Value and Eliminate MUDA by Mike Rother & John Shook (Spiral-bound – Jun 1, 2009)

- Lean Office and Service Simplified: The Definitive How-To Guide byDrew A. Locher (Paperback – Feb 10, 2012)

- Lean Office Demystified II - Using the Power of The Toyota Production System in Your Administrative, Desktop, and Networking Environments by Doug Fertuck & Vlado Baban (Perfect Paperback – May 12, 2010)

- Flow in the Office: Implementing and Sustaining Lean Improvements by Carlos Venegas (Paperback – Oct 25, 2007)

- Office Kaizen: Transforming Office Operations into a Strategic Competitive Advantage by William Lareau (Paperback – Jun 12, 2002)

- Toyota Production System: Beyond Large-Scale Production by Taiichi Ohno & Norman Bodek (Hardcover – Mar 1, 1988)

- A Study of the Toyota Production System: From an Industrial Engineering Viewpoint

(Produce What Is Needed, When It's Needed) by Shigeo Shingo & Andrew P. Dillon (Hardcover – Oct 1, 1989)

- Taiichi Ohno's Workplace Management by Taiichi Ohno (Hardcover – Nov 20, 2012)

- The Toyota Product Development System: Integrating People, Process, and Technology by James M. Morgan & Jeffrey K. Liker (Hardcover – Mar 25, 2006)

- Toyota Culture: The Heart and Soul of the Toyota Way by Jeffrey K. Liker, Michael Hoseus & Center for Quality People & Organization (Kindle Edition – Nov 30, 2007)

- The Remedy: Bringing Lean Thinking Out of the Factory to Transform the Entire Organization by Pascal Dennis (Hardcover – Jul 6, 2010)

¡GRACIAS!

Te deseamos el mejor de los éxitos y sinceramente esperamos saber de tus avances y todos tus logros.

¡Gracias!, por el tiempo invertido en la lectura de este libro. Estamos al pendiente y para apoyarte en: **info@ignius.com.mx**

Recuerda: "Si crees que puedes estás en lo cierto, si crees que no puedes también lo estás", y ¡Muchos han podido!

Ana María Godínez y Gustavo Hernández

OTROS LIBROS DE LOS AUTORES

El Prodigio

- Integra la Competitividad como herramienta clave en todas las áreas de tu vida.

- www.elprodigio.com.mx

- Ignius Media Innovation, 2008

Despertar

- Libera el potencial infinito que hay dentro de ti.

- www.despertemos.net

- Ignius Media Innovation, 2009

Vitaminas para el Éxito

- ¡Consigue lo que deseas!

- www.vitaminasparaelexito.mx

- Ignius Media Innovation, 2011

Despertares en Armonía I

- Relatos que enriquecen e inspiran el corazón, realizados por Mujeres que comparten su Despertar a la Armonía.

- www.despertemos.net

- Ignius Media Innovation, 2011

Despertares en Armonía II

- Nuevos relatos que enriquecen e inspiran el corazón.

- www.despertemos.net

- Ignius Media Innovation, 2013

El Gran Libro de las Mejores Preguntas para Vender

- Los secretos de la herramienta más poderosa que puede DUPLICAR TUS VENTAS: Vende Preguntando®

- www.igniusmedia.com

- Ignius Media Innovation, 2014

Lo que la Gente Lista sabe del Aprendizaje

- El aprendizaje es la llave que te permitirá abrir cualquier puerta en tu vida

- www.igniusmedia.com

- Ignius Media Innovation, 2014

ANA MARÍA GODÍNEZ

Psicóloga, Empresaria, Escritora y Reconocida Conferencista Internacional, Máster en Dirección Estratégica y Gestión de la Innovación; Experta en Grupos Operativos, Herramientas Avanzadas de Educación y Entrenamiento Dinámico, Liderazgo Transformacional y Ventas; especializada en procesos Industriales y Métodos de Negociación y Solución de

Conflictos, cuenta con más de 2 décadas de experiencia práctica profesional.

Su formación y crecimiento interpersonal la han llevado a desarrollar innovadoras perspectivas en soluciones únicas de Productividad, Liderazgo, Ventas, Estrategia, Marketing, Éxito y Desarrollo Personal, creando un gran poder de transformación y acción, generando enormes beneficios, ventas y utilidades en las empresas y organizaciones asesoradas.

Desde muy temprana edad demostró sus habilidades en los negocios, las ventas y las relaciones humanas, creando emprendimientos de alta calidad y rentabilidad pero sobre todo, siempre orientados a resultados con una amplia perspectiva de futuro.

En lo académico se destacó por ser invitada por profesores a compartir sus habilidades en Aprendizaje Acelerado.

Sus habilidades de Comunicación la han llevado a ser ampliamente reconocida por sus "video-entrenamientos" que, mes a mes, llegan a miles de personas en todo el mundo.

Dentro de sus actividades destacan el ser Fundadora de la Fundación "Despertemos a la Armonía", la cual está enfocada al desarrollo del potencial de la mujer, Co-Fundadora de Big River, empresa líder en la capacitación vía internet conocida como eLearning con un alcance mundial y Socia de Ignius Innovación, empresa de consultoría boutique, que al lado de Gustavo Hernández ayudan a organizaciones a obtener mayores ganancias en un menor tiempo.

GUSTAVO HERNÁNDEZ

Empresario, consultor y constante conferencista internacional, Ingeniero Industrial, Máster en Dirección Estratégica y Gestión de la Innovación es, también, Experto en Desarrollo Tecnológico, Diseño de Software, Métodos de Solución de Problemas y Creador de Trabajo Eficiente; así mismo Inventor, Fotógrafo, Productor, Editor y Escritor.

Se desempeñó exitosamente como Director General de una reconocida compañía proveedora internacional de la Industria Automotriz, cuyas ventas anuales superaron los $100 millones de dólares entregando sus productos a diferentes más destacadas marcas continentales como BMW, Toyota y GM entre muchas otras.

A sus logros se suman la creación de diversas empresas de Innovación y Desarrollo de Tecnología aplicada a productos, procesos y servicios, cuyas patentes llegaron a protegerse y comercializarse internacionalmente por sumas mayores a los $20 millones de dólares.

Con más dos décadas de experiencia como Pensador Estratégico, Desarrollador, Innovador e Implementador de Sistemas de Mejora Continua y Reingeniería de Productos, Procesos y Servicios en diversas organizaciones, es hoy por hoy, uno de los más destacados líderes en su ramo.

Co-Fundador de Big River, empresa líder en la capacitación vía internet conocida como eLearning con un alcance mundial y Socio de Ignius Innovación, empresa de consultoría boutique, que al lado de Ana María Godínez ayudan a organizaciones a obtener mayores ganancias en un menor tiempo.

Es un creativo ejemplar e incansable que está en una continua búsqueda y creación de soluciones que ayuden a una gran cantidad de personas y organizaciones a tener mejores resultados y aumentar su nivel de prosperidad y felicidad.

Solicitud de Información

Por favor envíenme información acerca de:

Próximos talleres y eventos.

Adquisición de libros.

Servicios especializados de asesoría.

Nombre: _____

Compañía: _____

Teléfono:_____ (_____)

Dirección:_____

Ciudad:_____ Estado:_____

C.P:_____ País:_____

Para recibir la información señalada, favor de enviar este formulario por fax a: +52 (477) 773-0005, o bien por e-mail a: **info@ignius.com.mx**

* 9 7 8 6 0 7 0 0 7 7 8 5 2 *